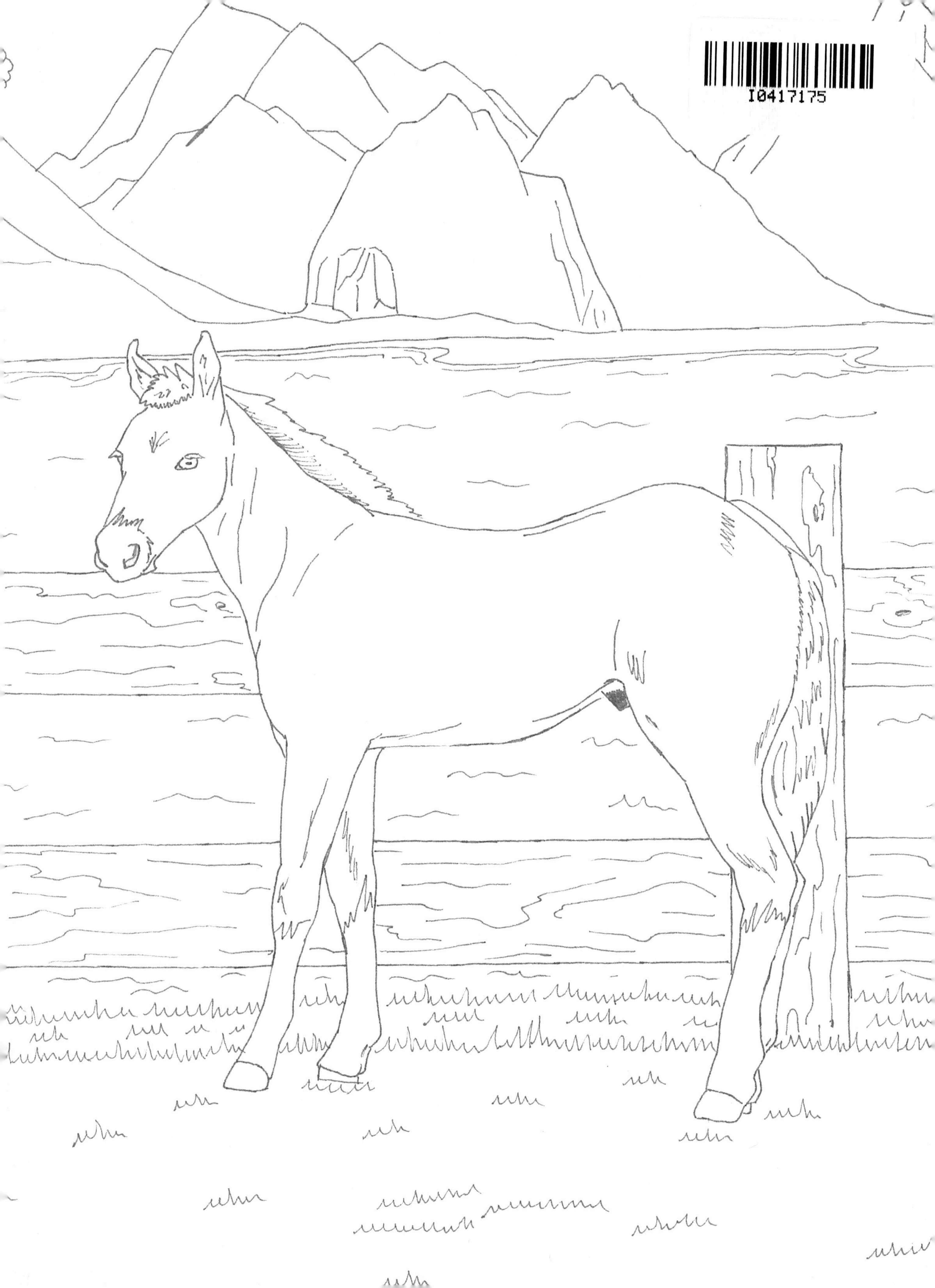

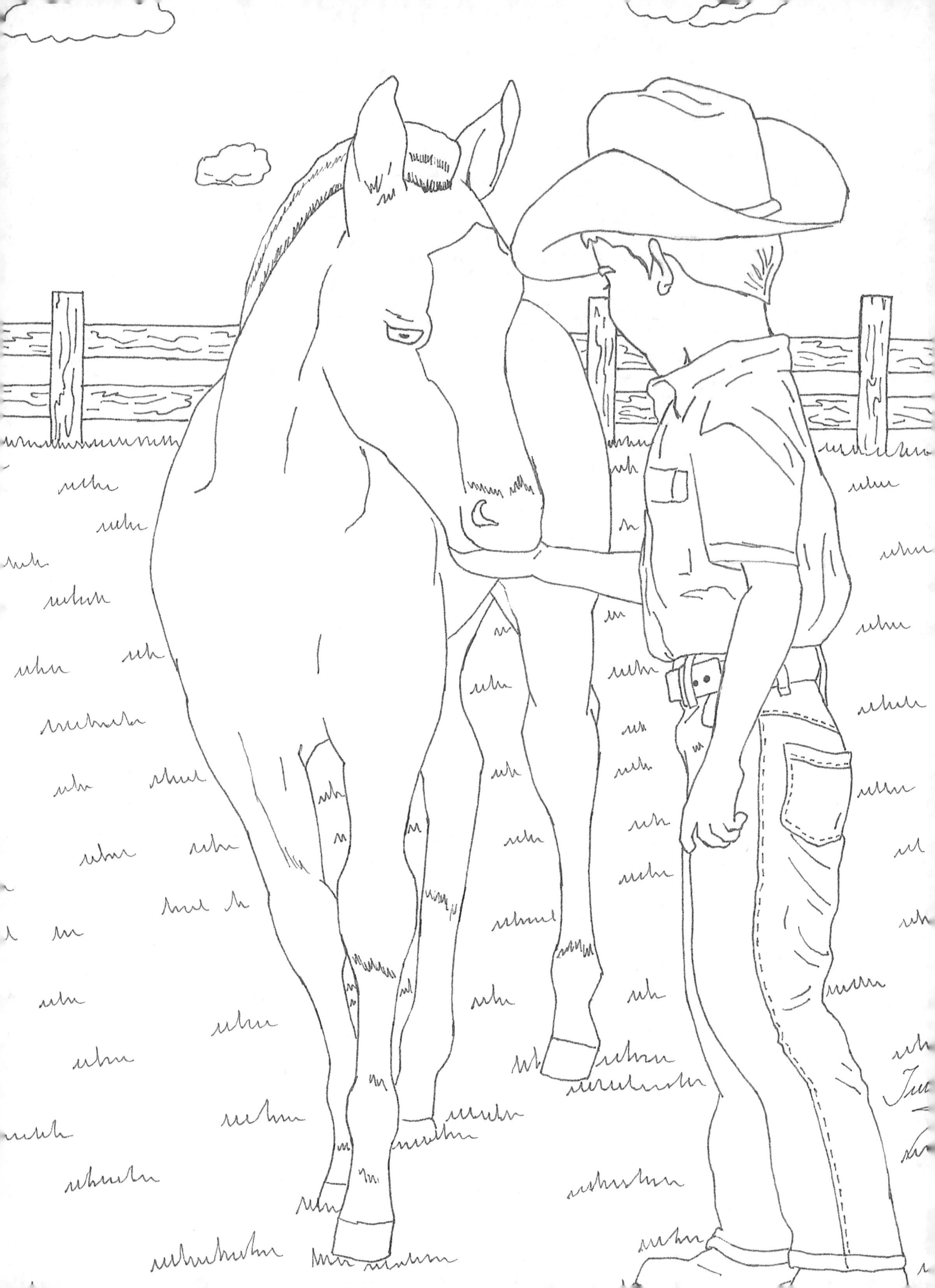

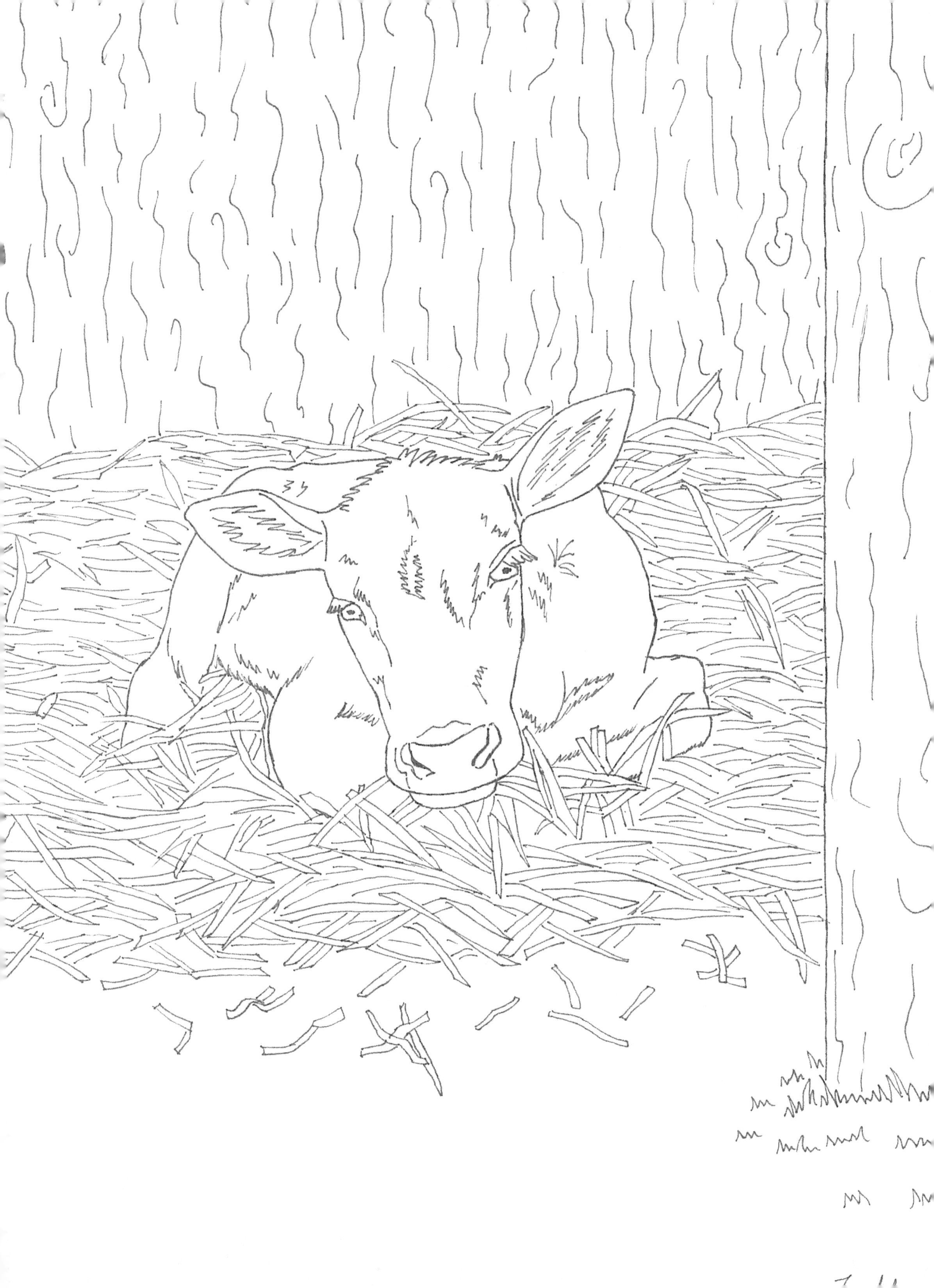

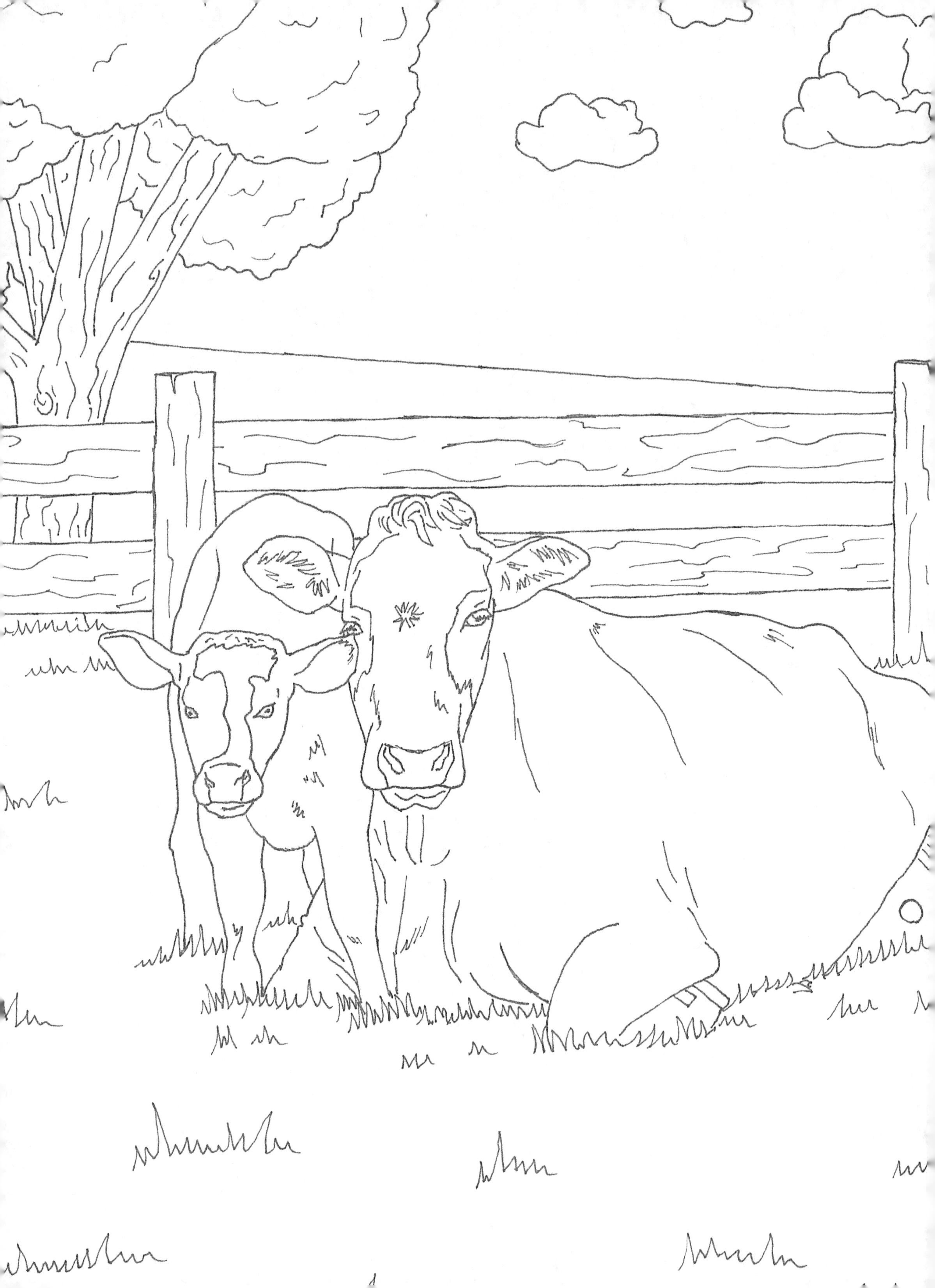

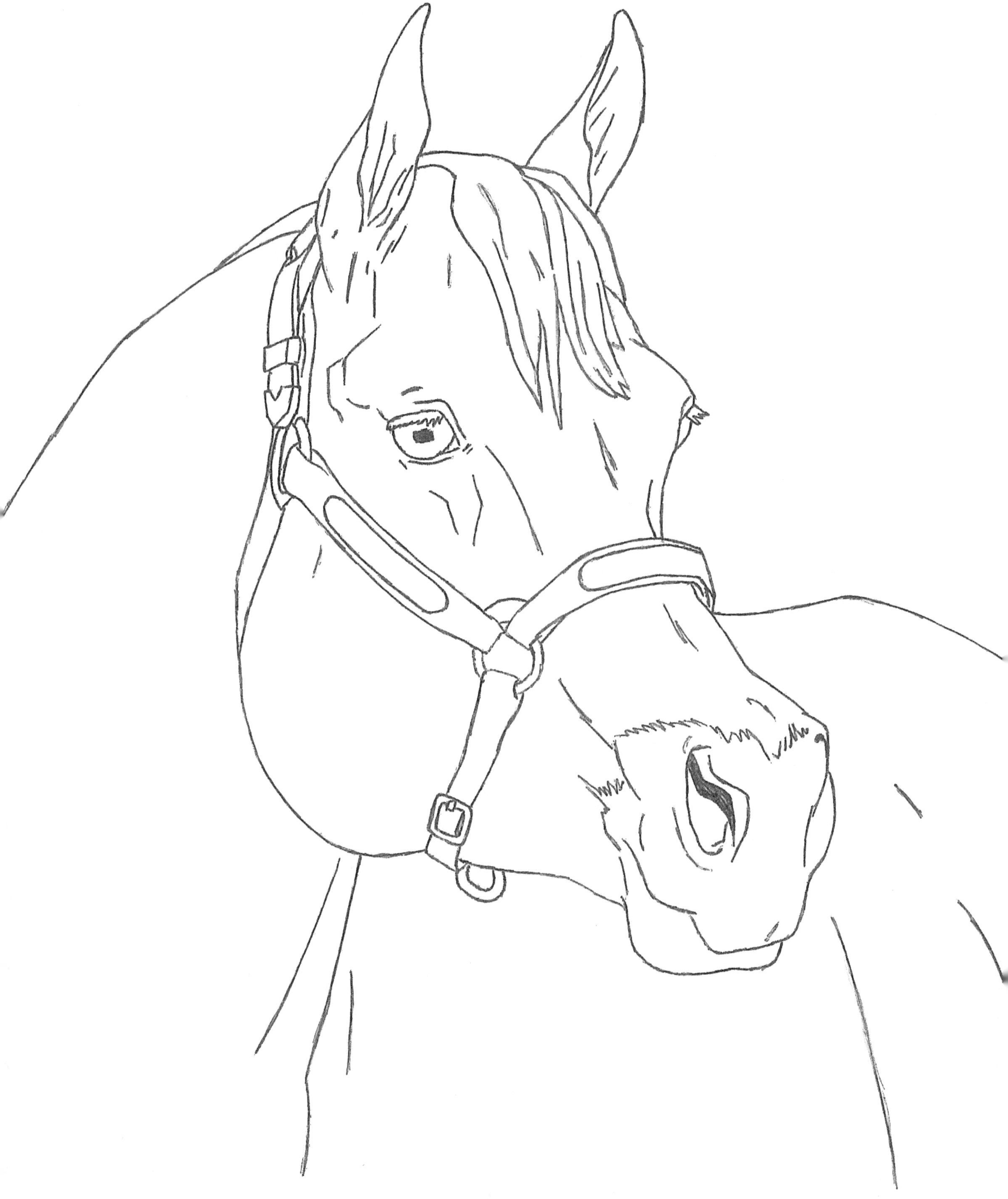

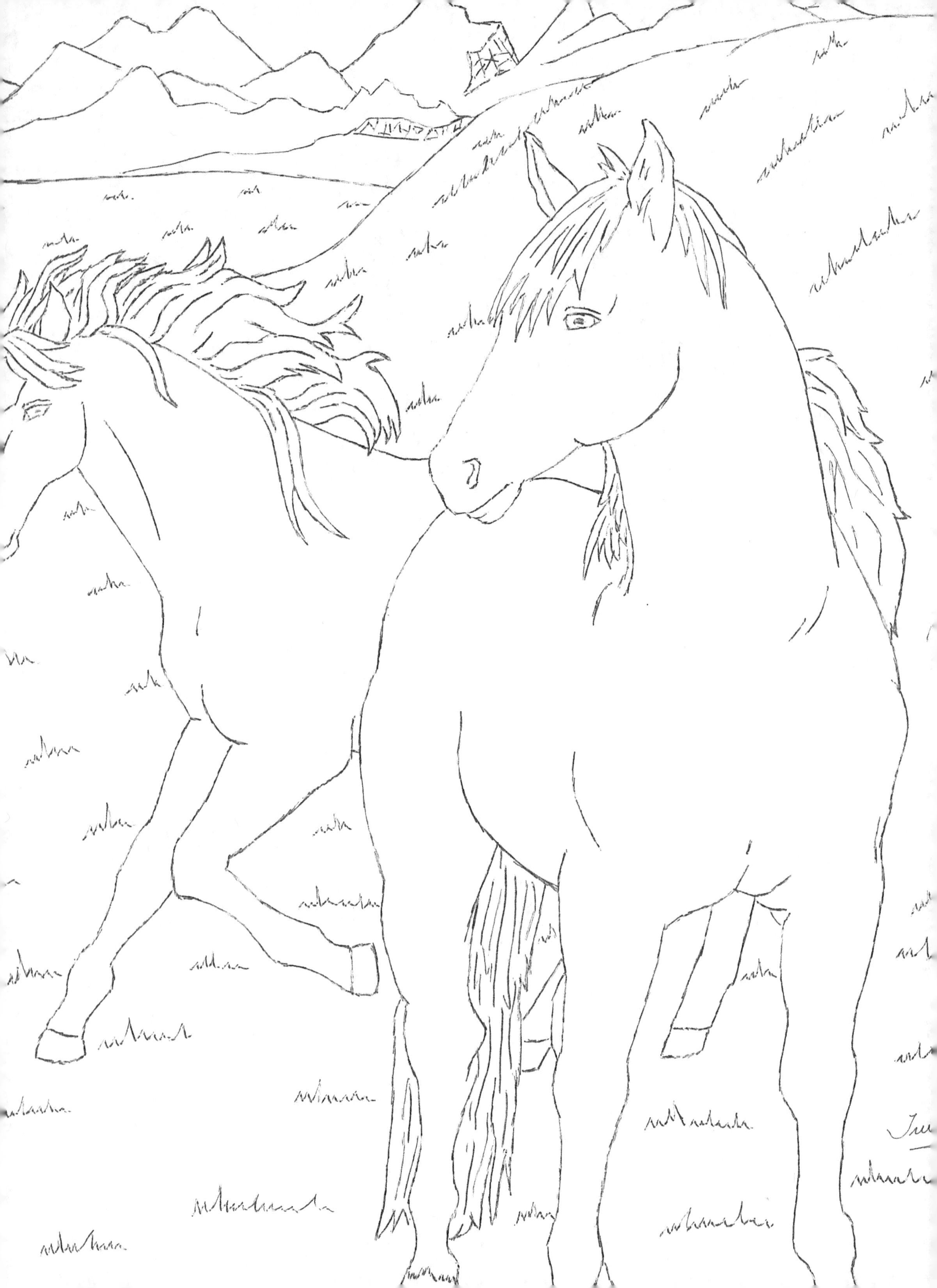

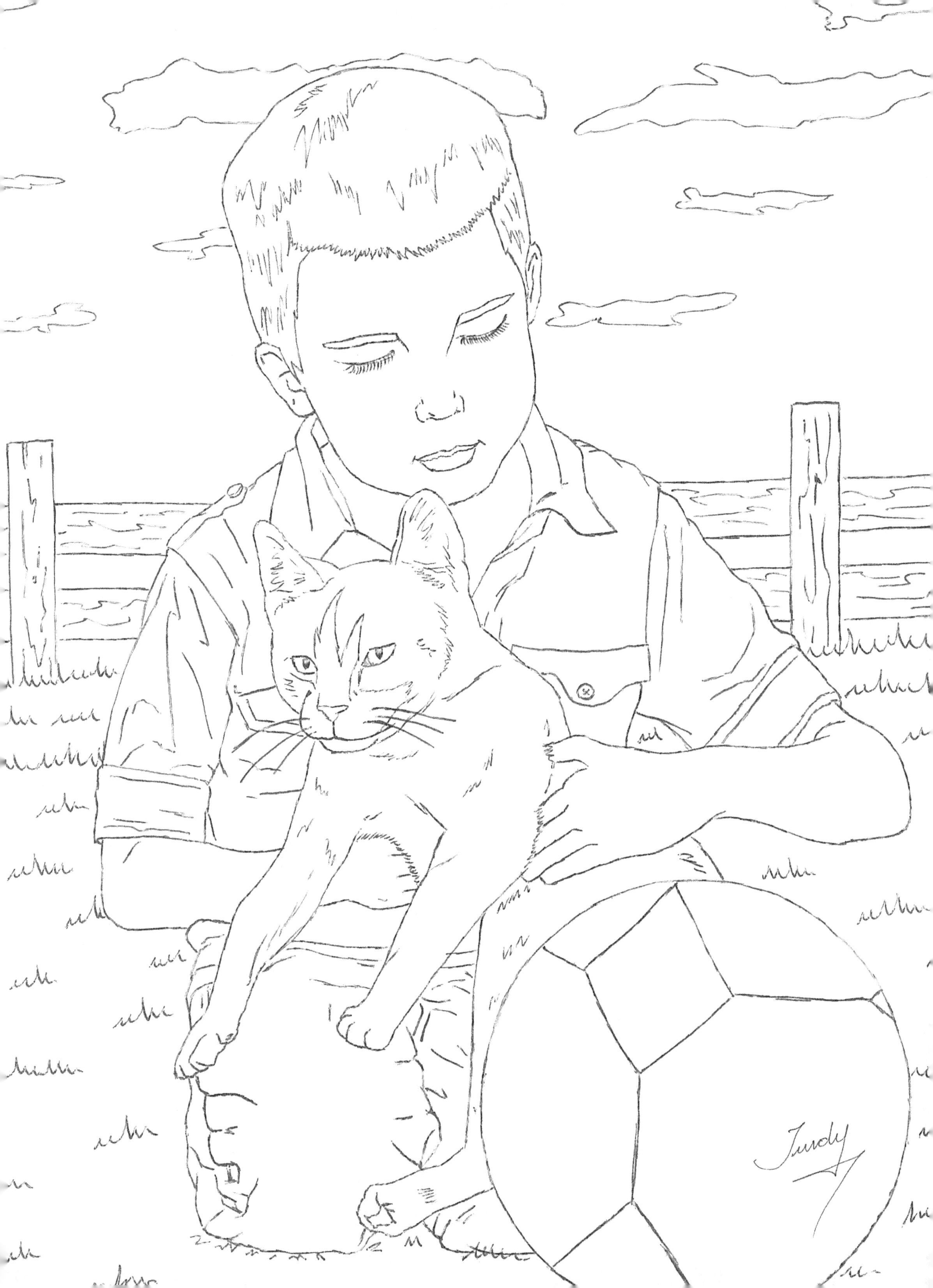
Judy

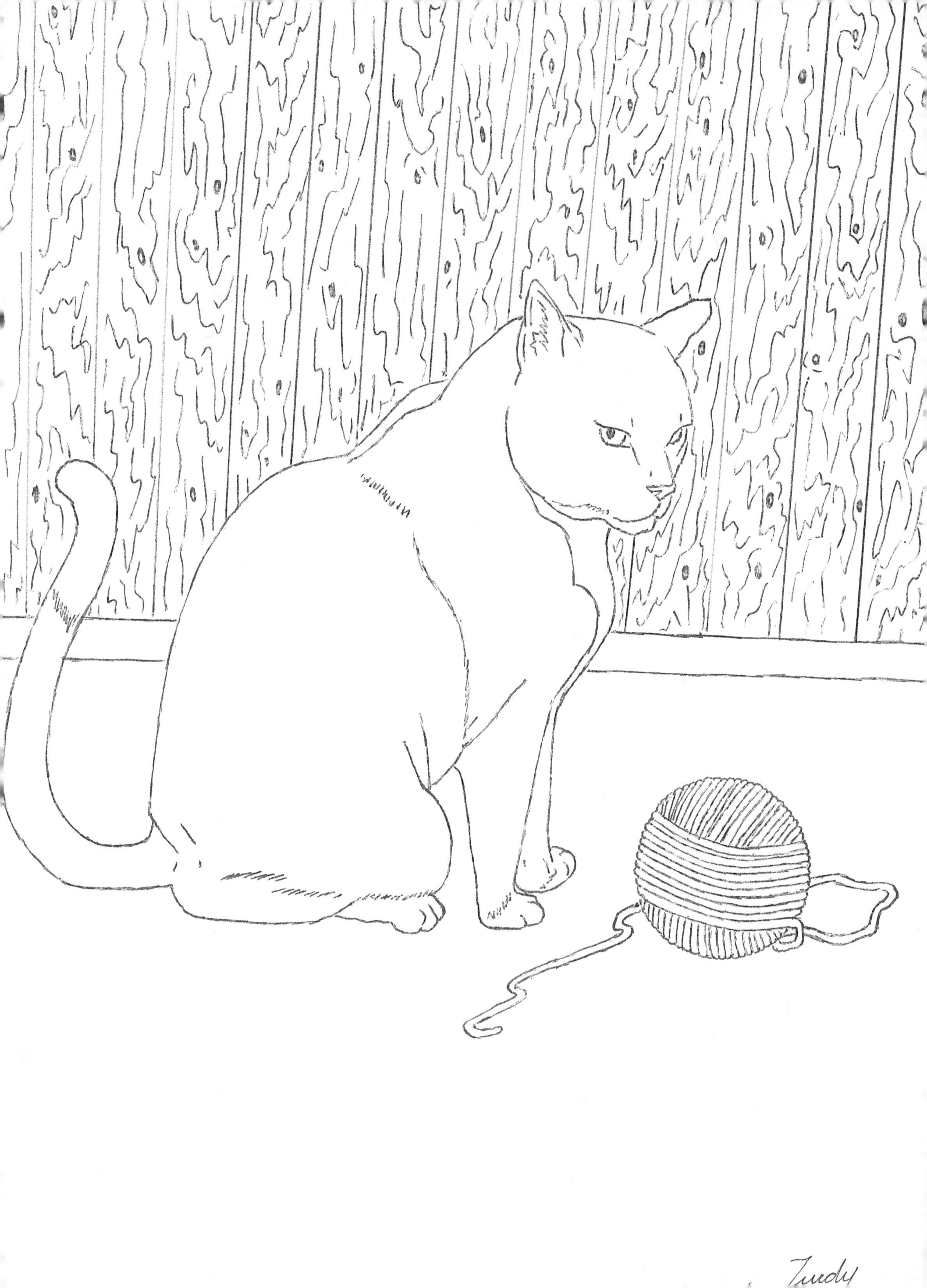
Judy

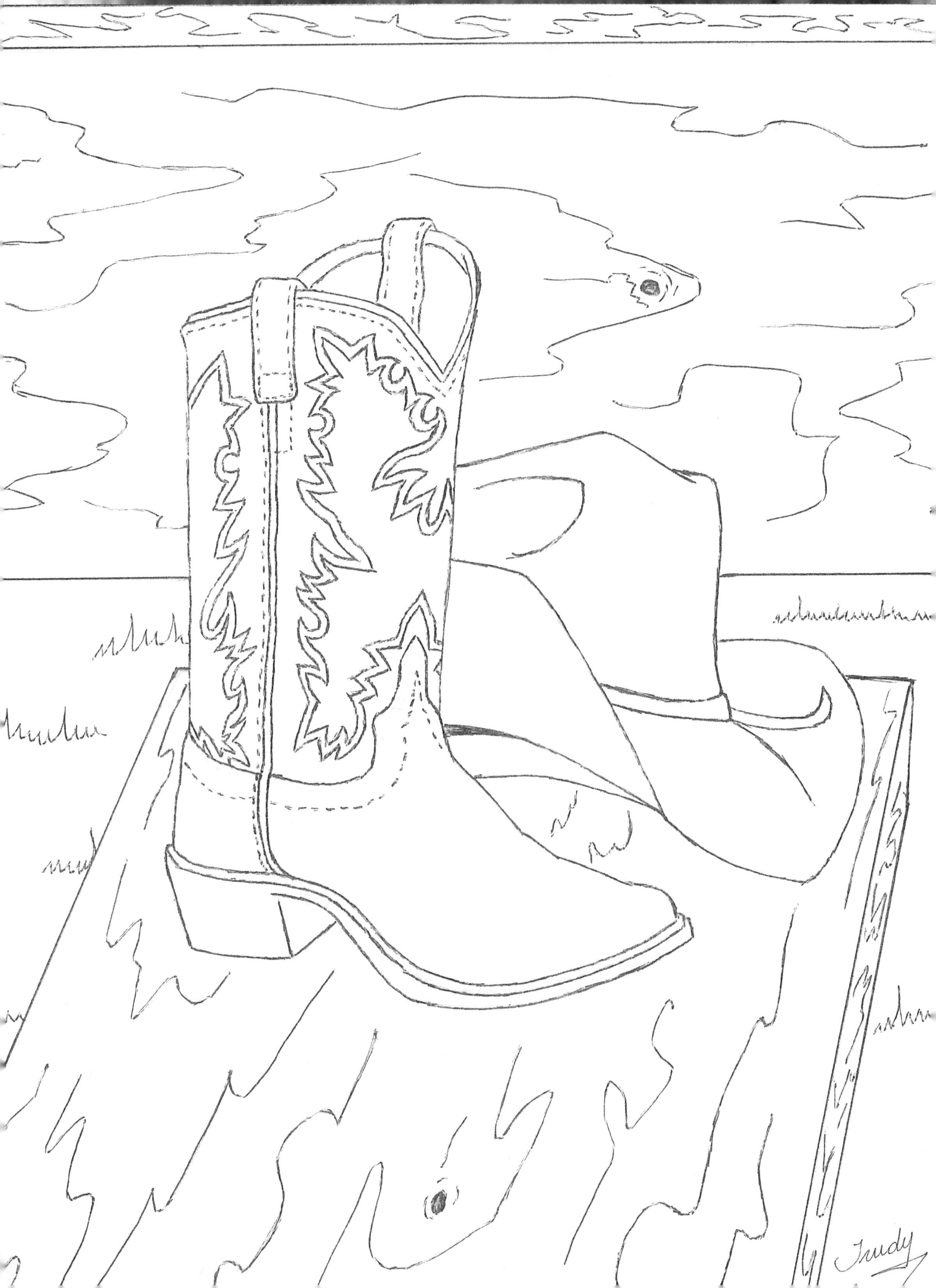
Trudy

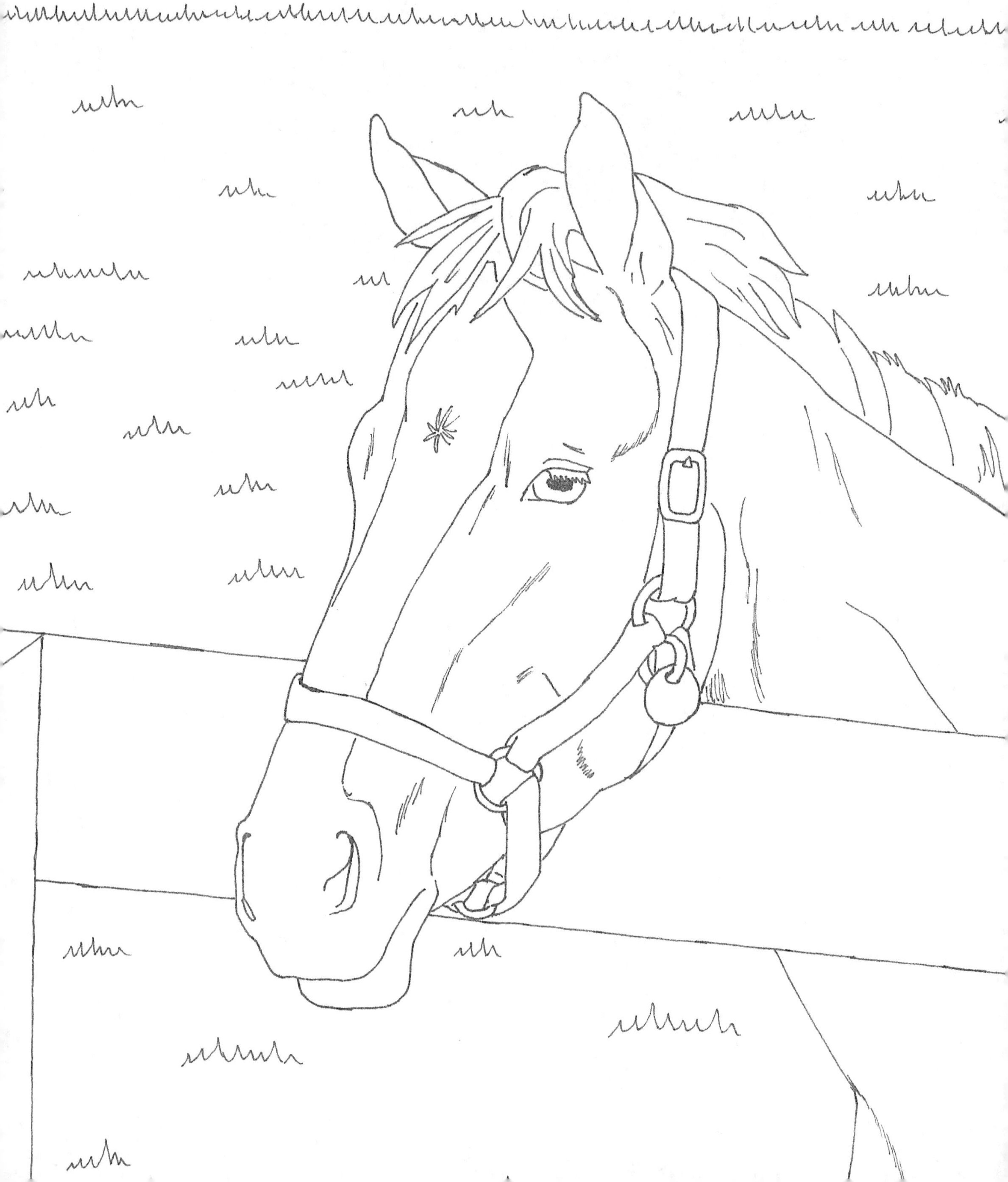

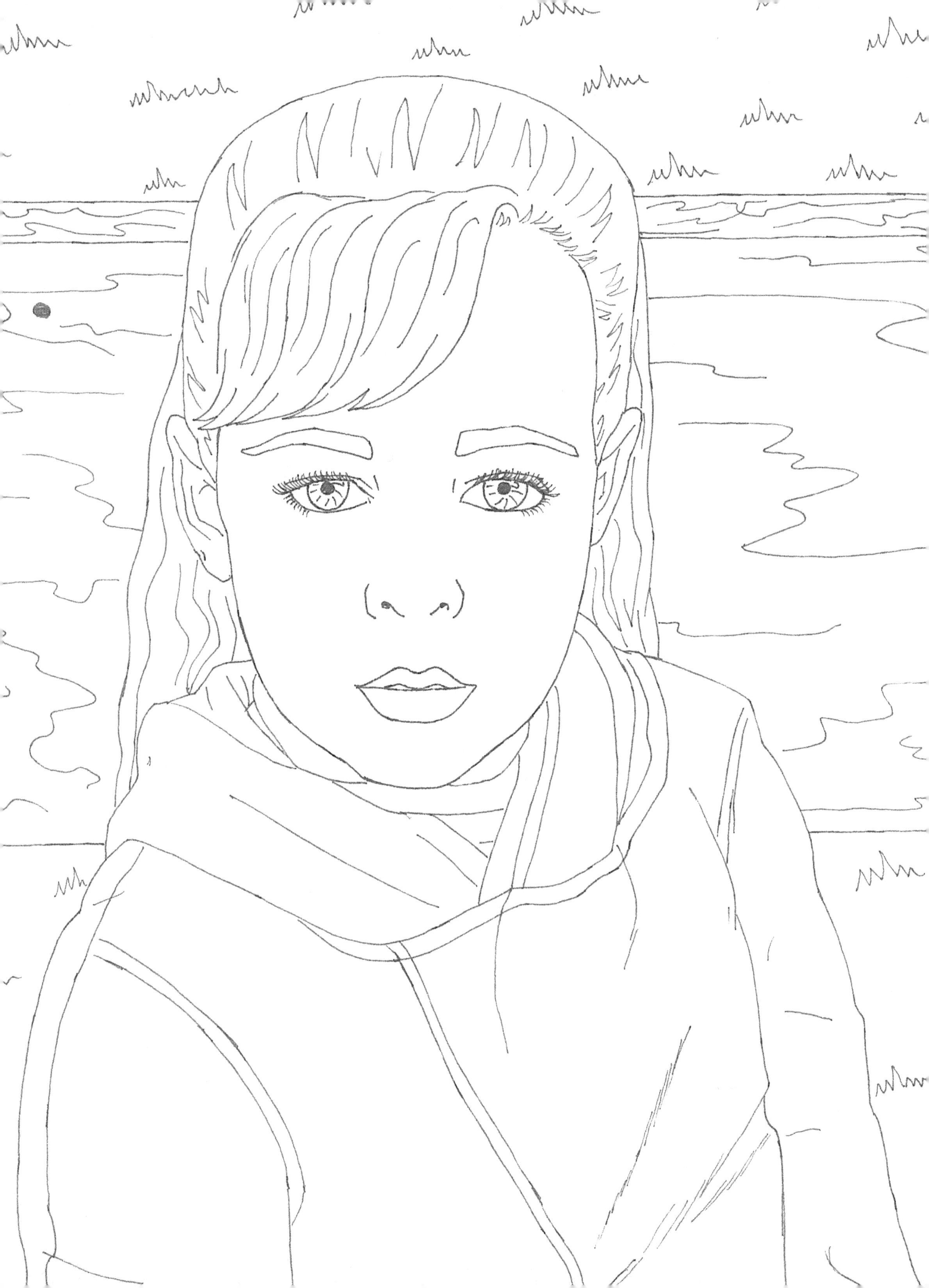

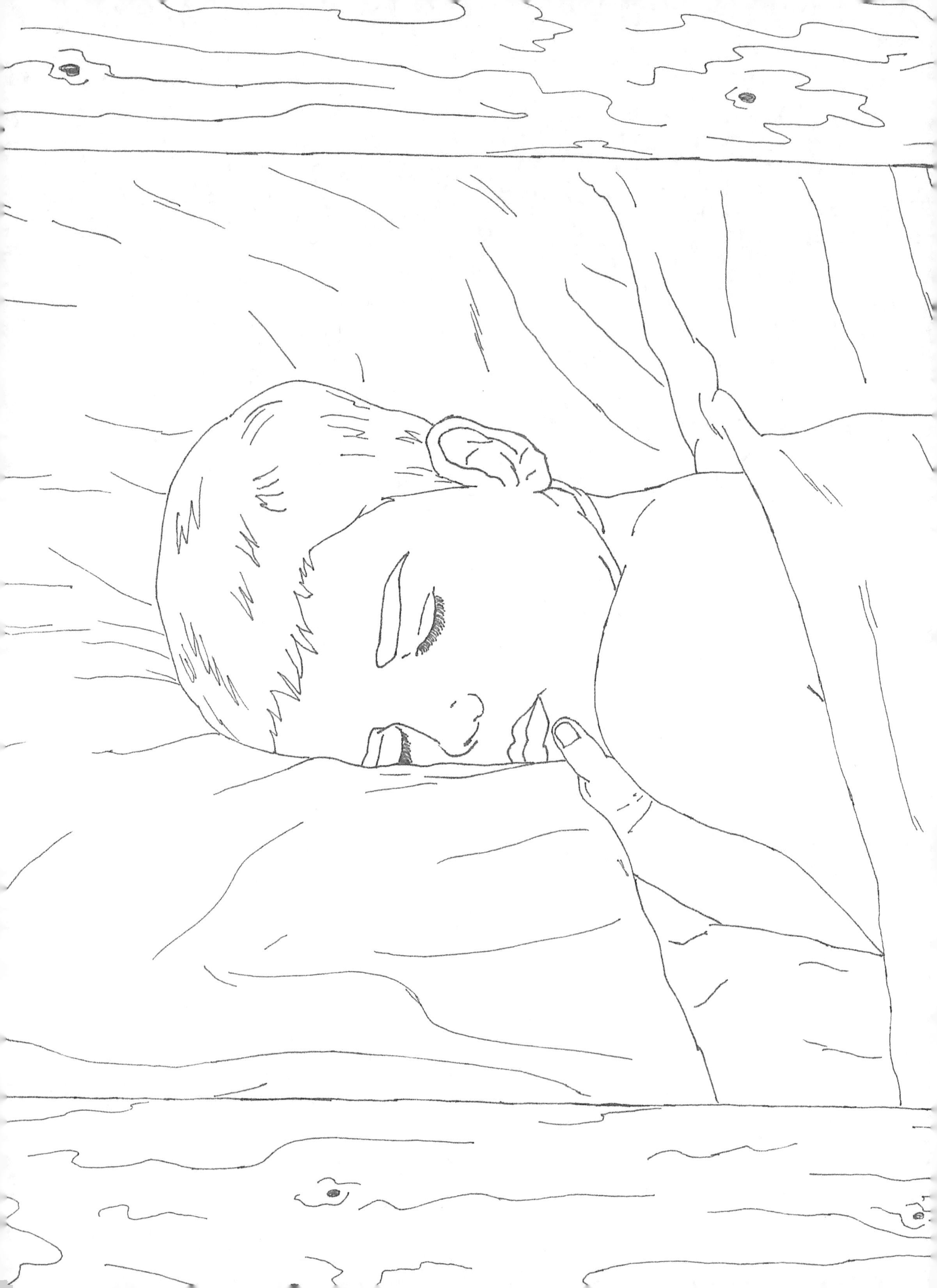

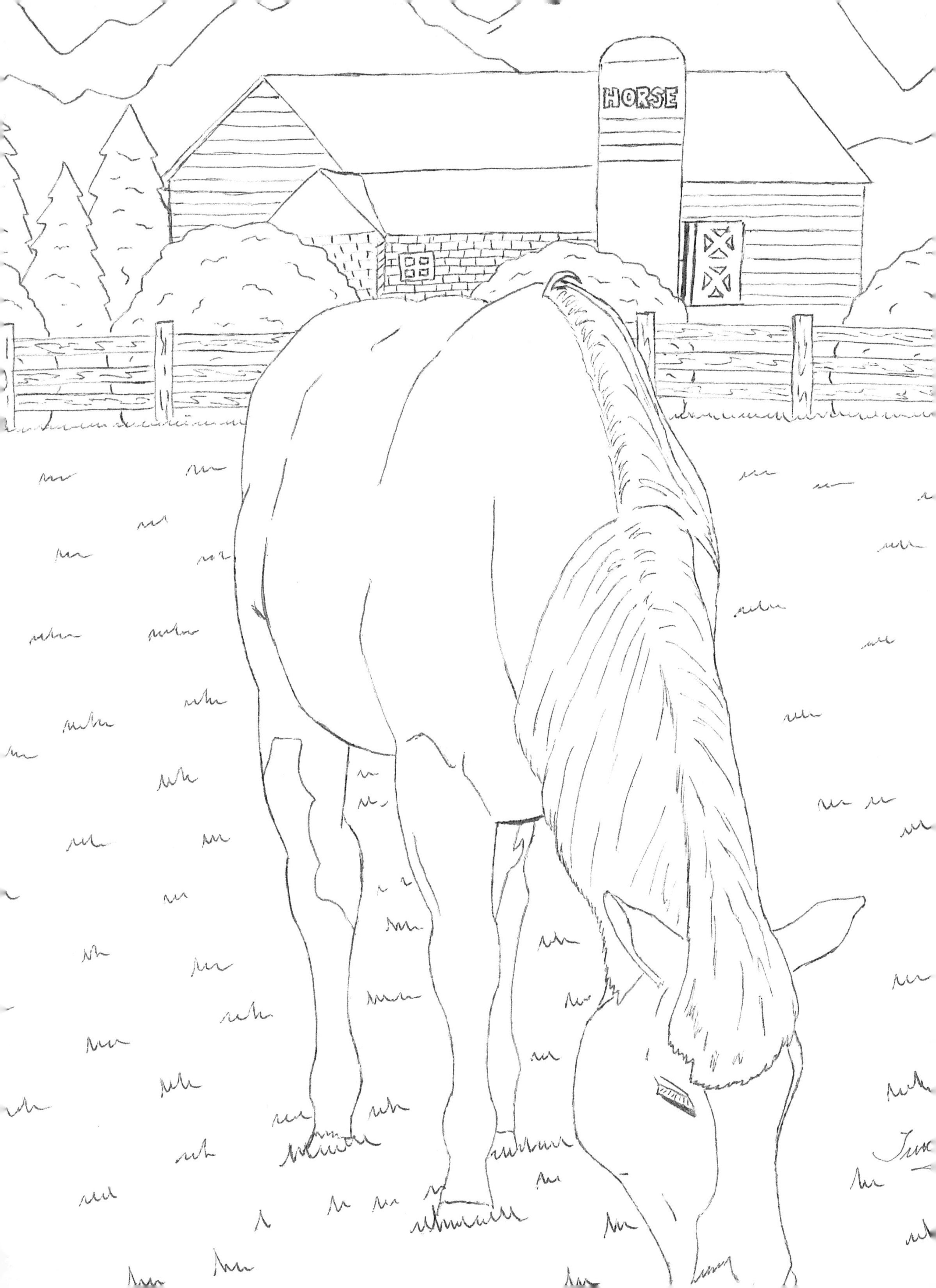
HORSE

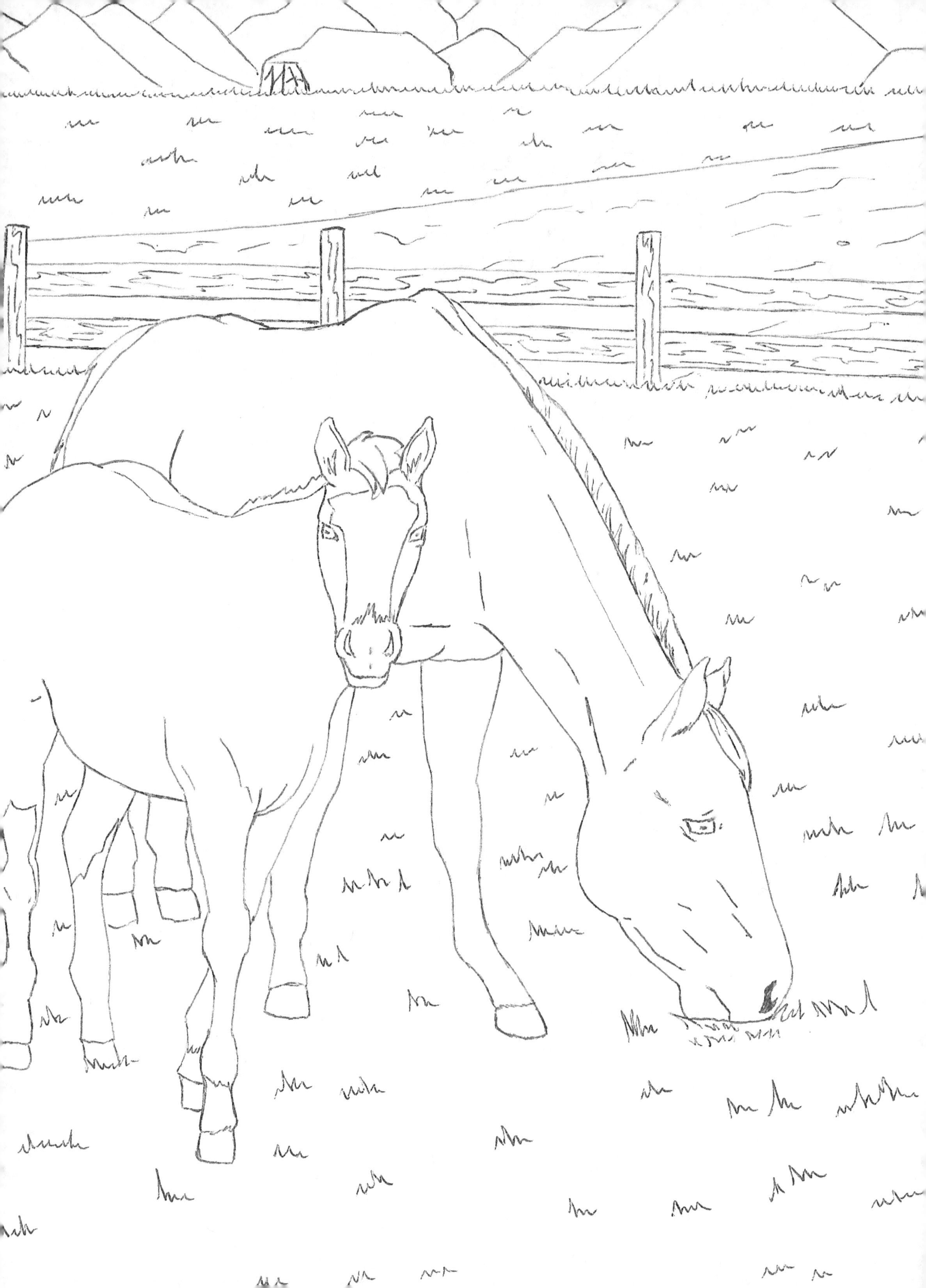

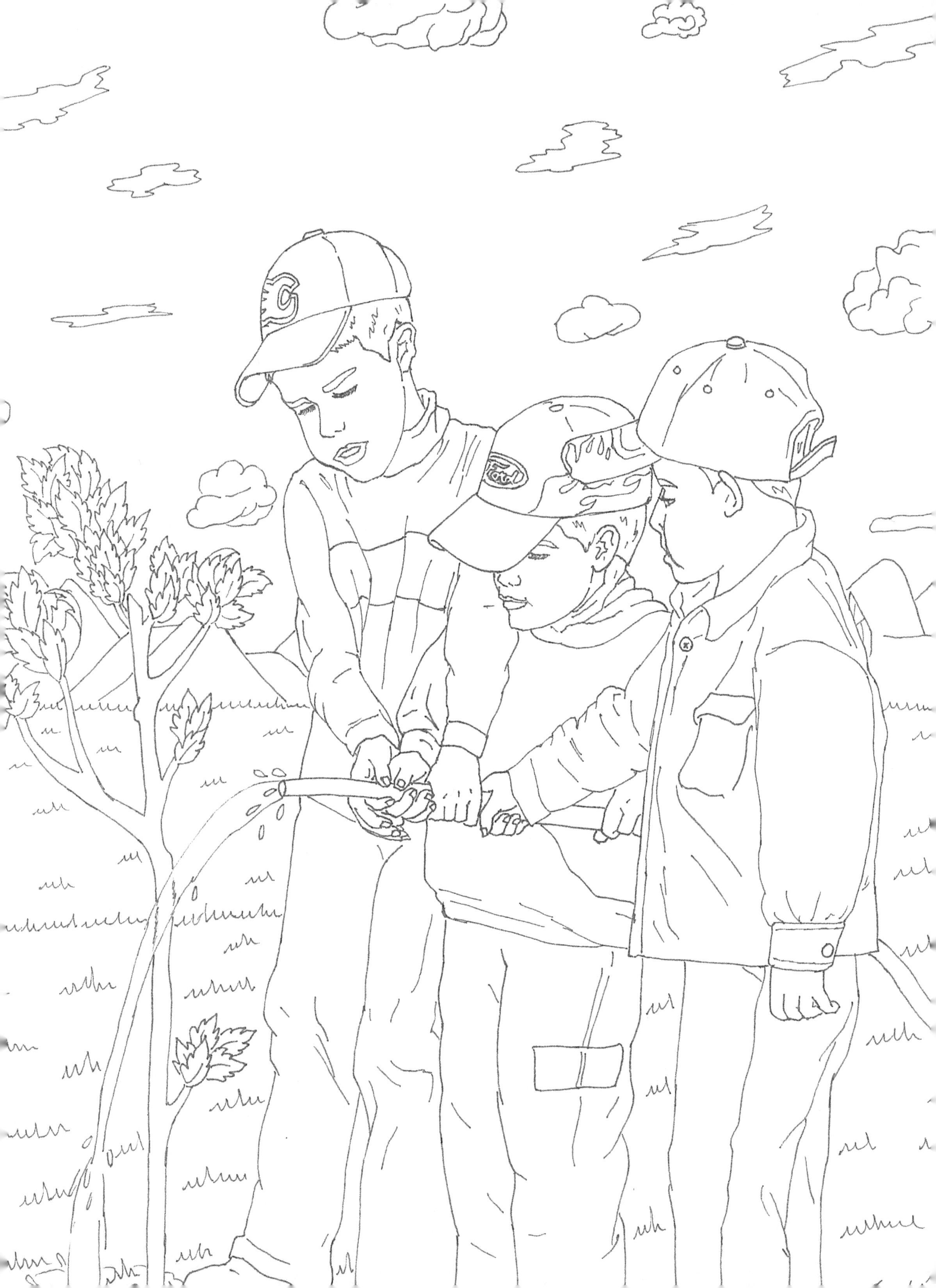

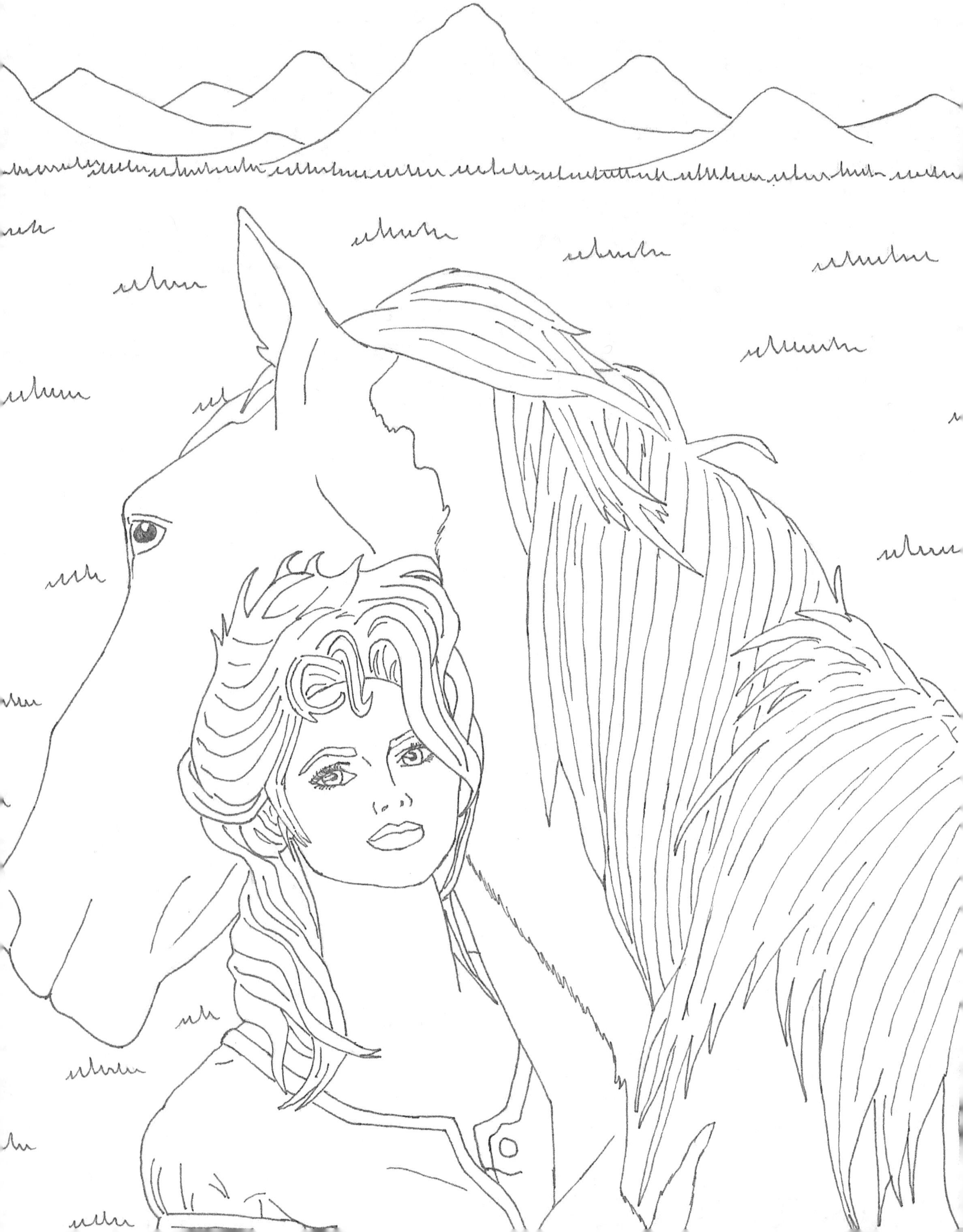

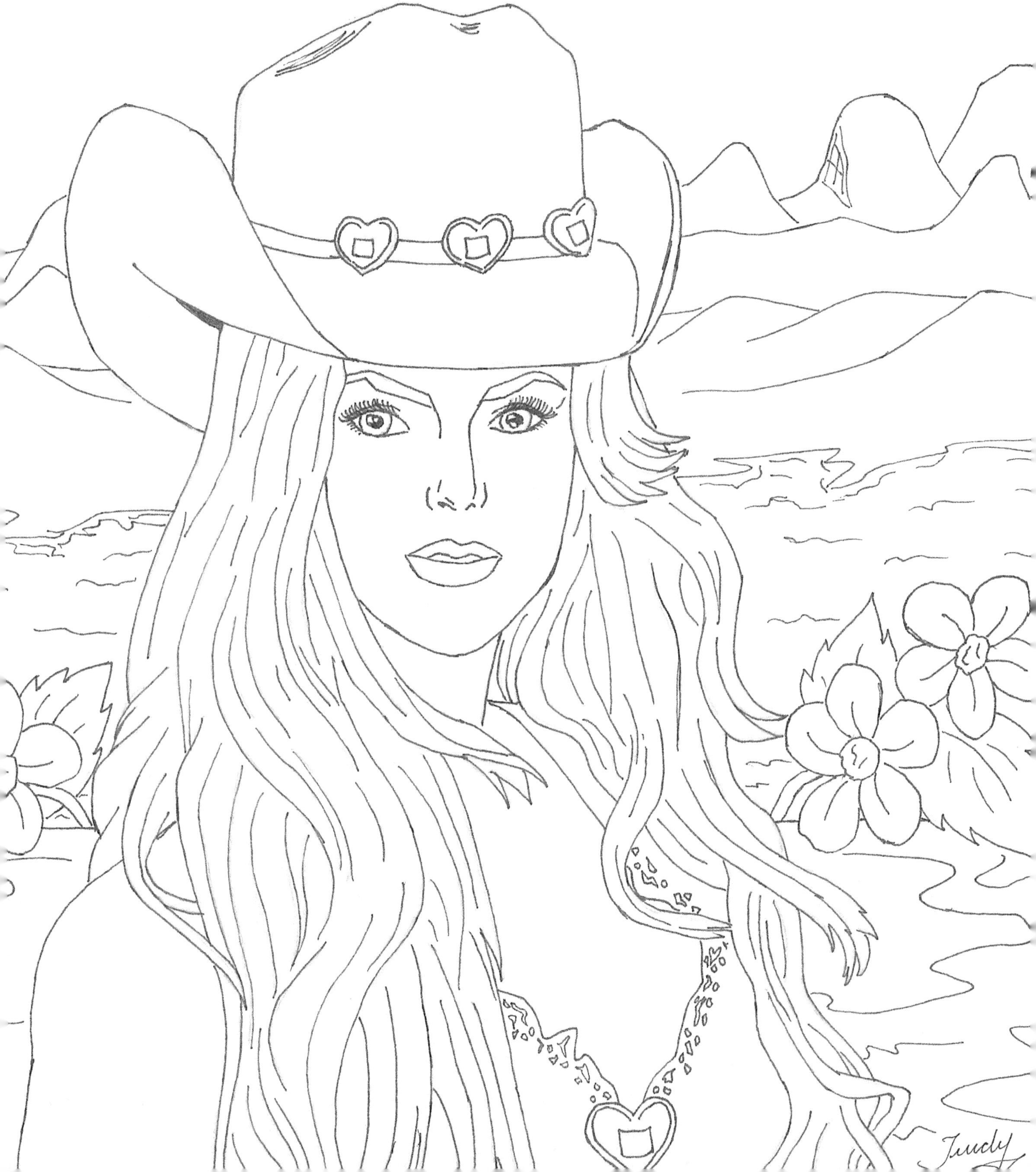
Judy

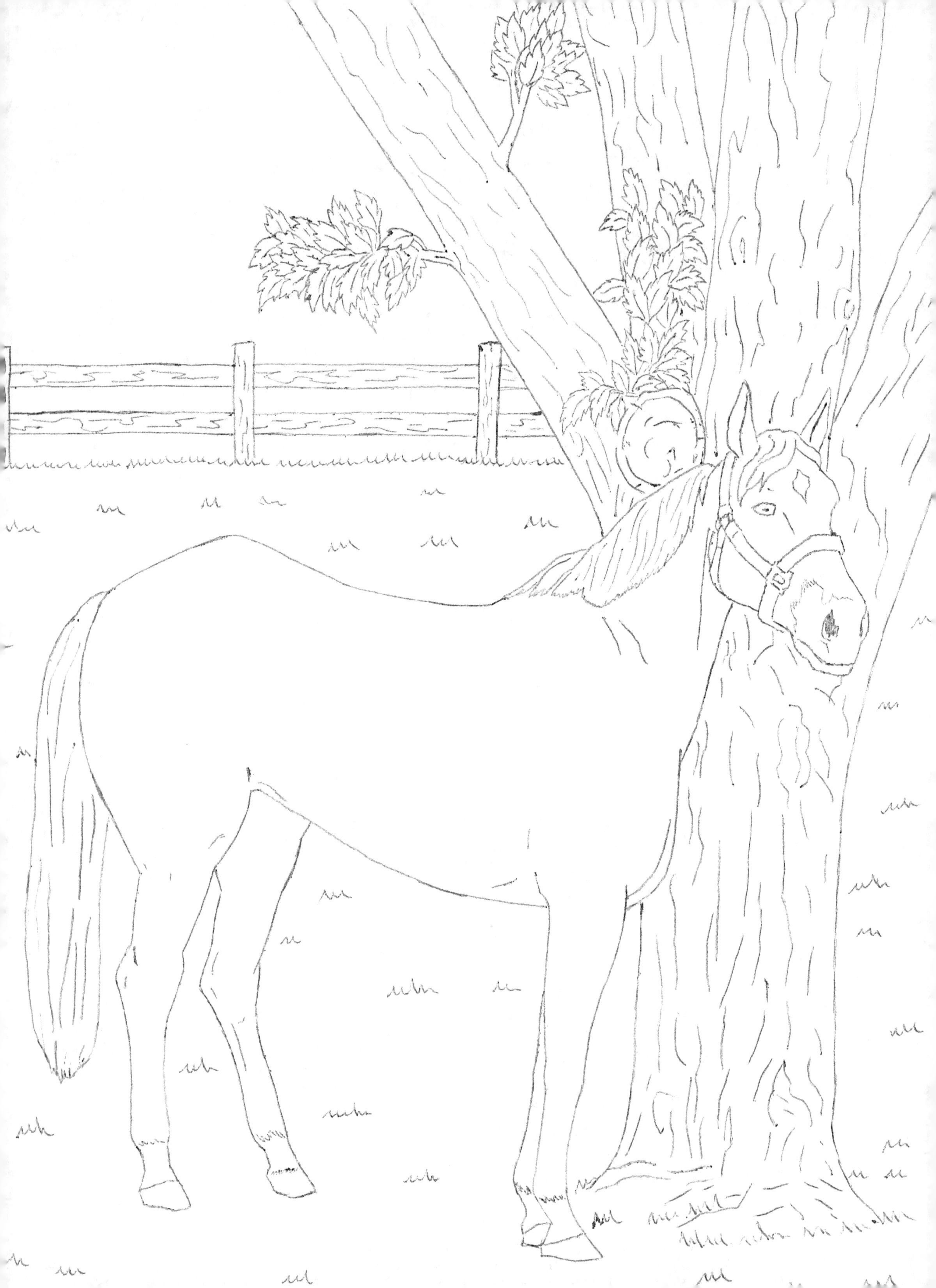

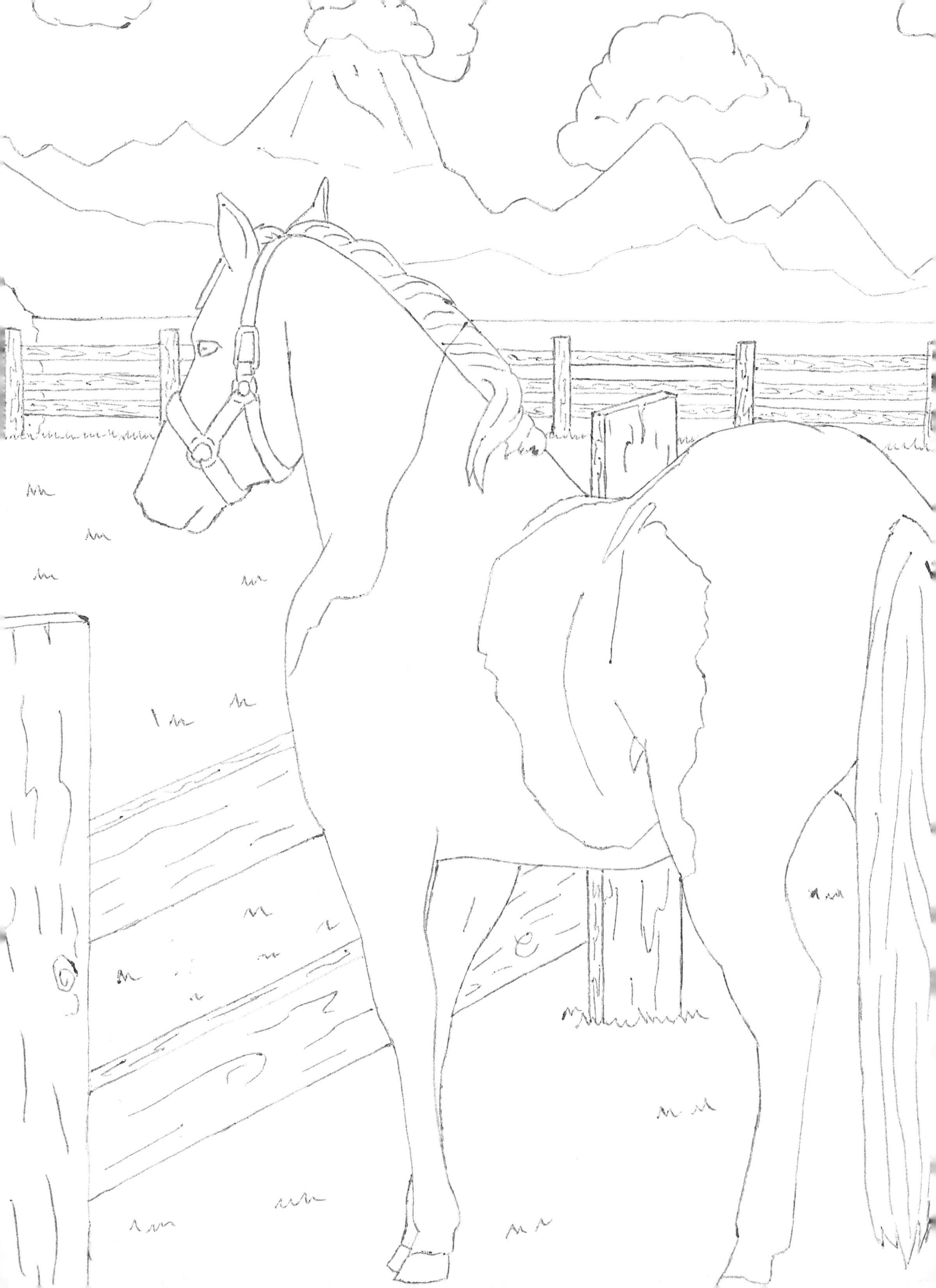

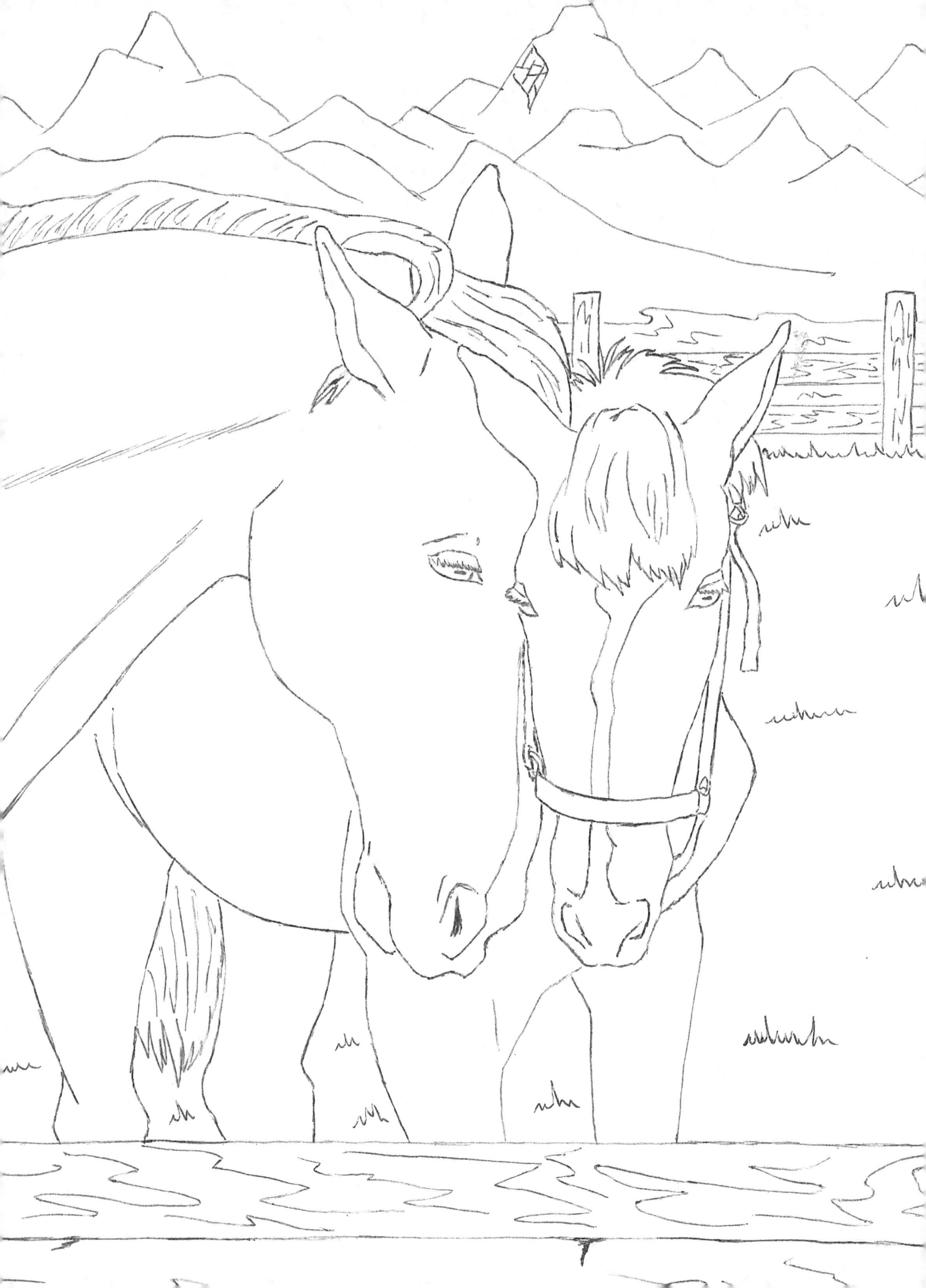

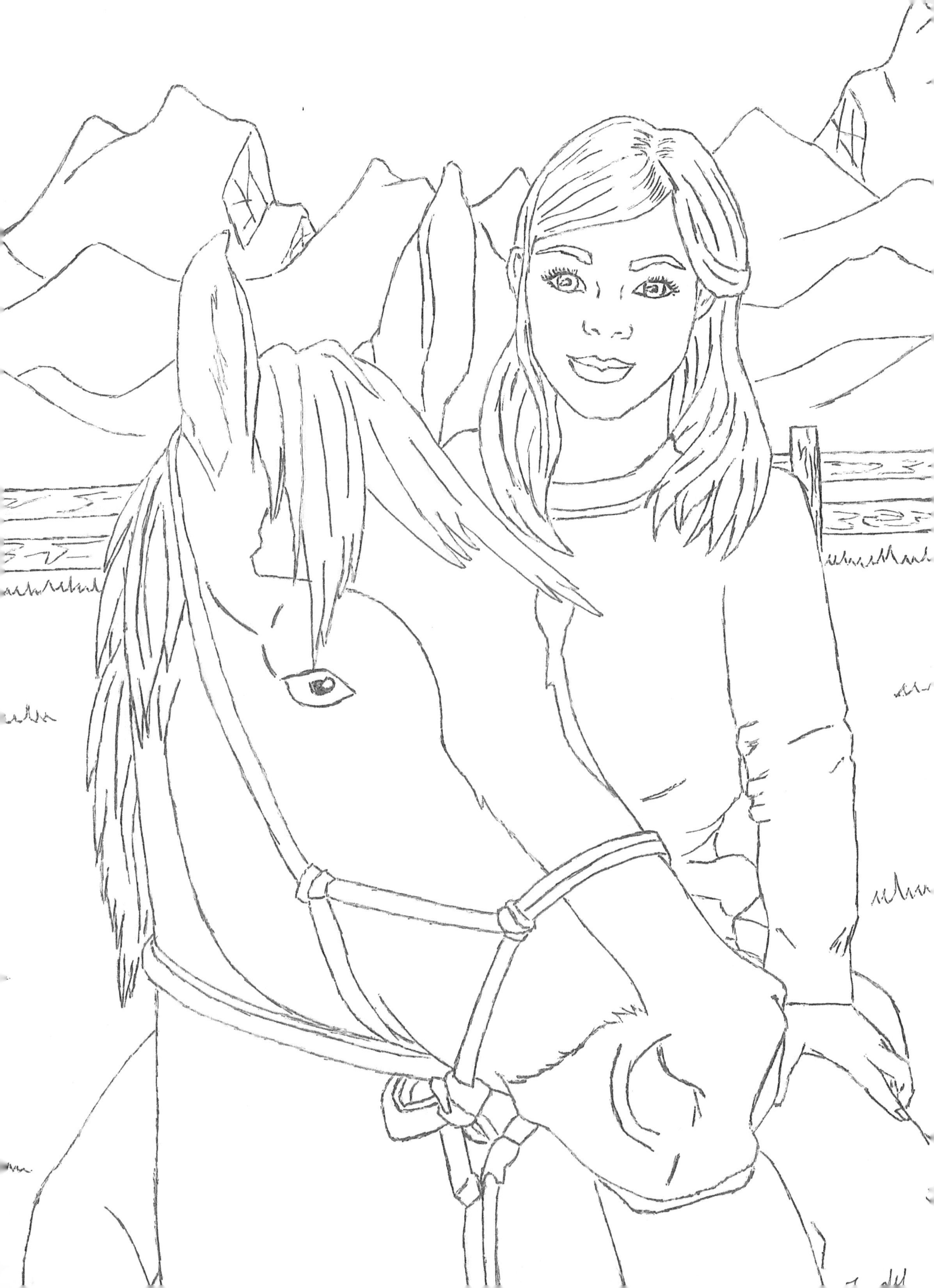

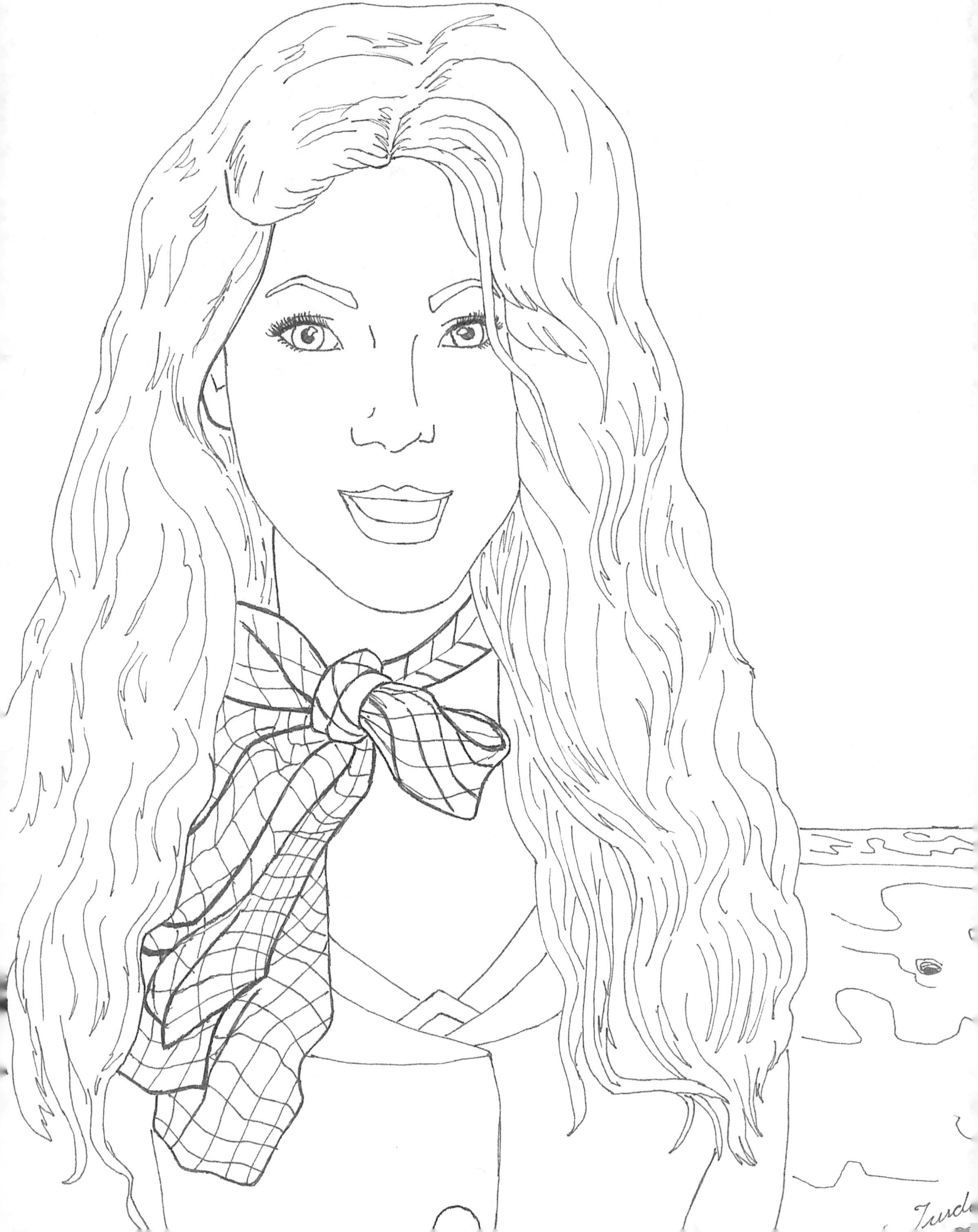

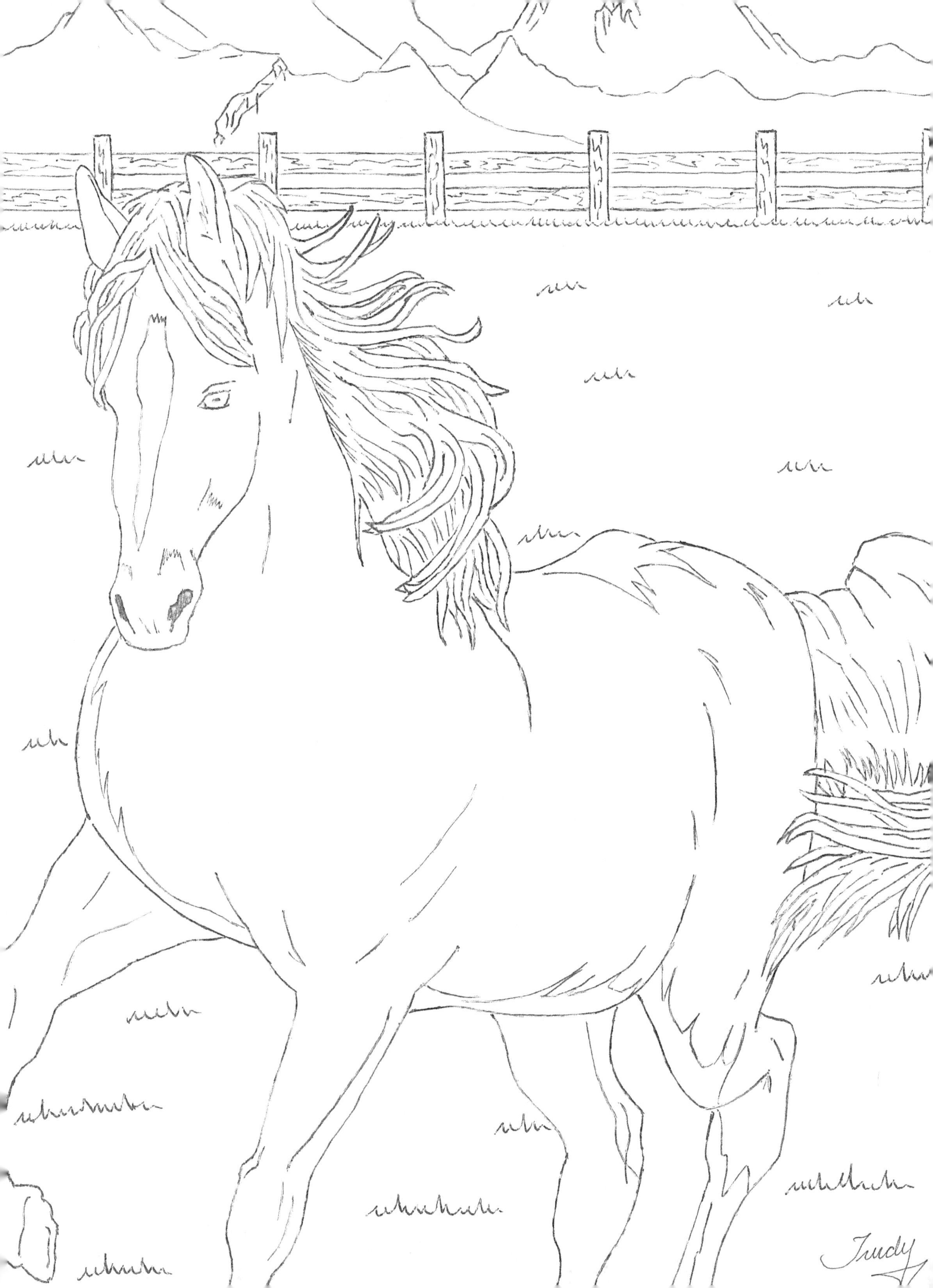
Judy

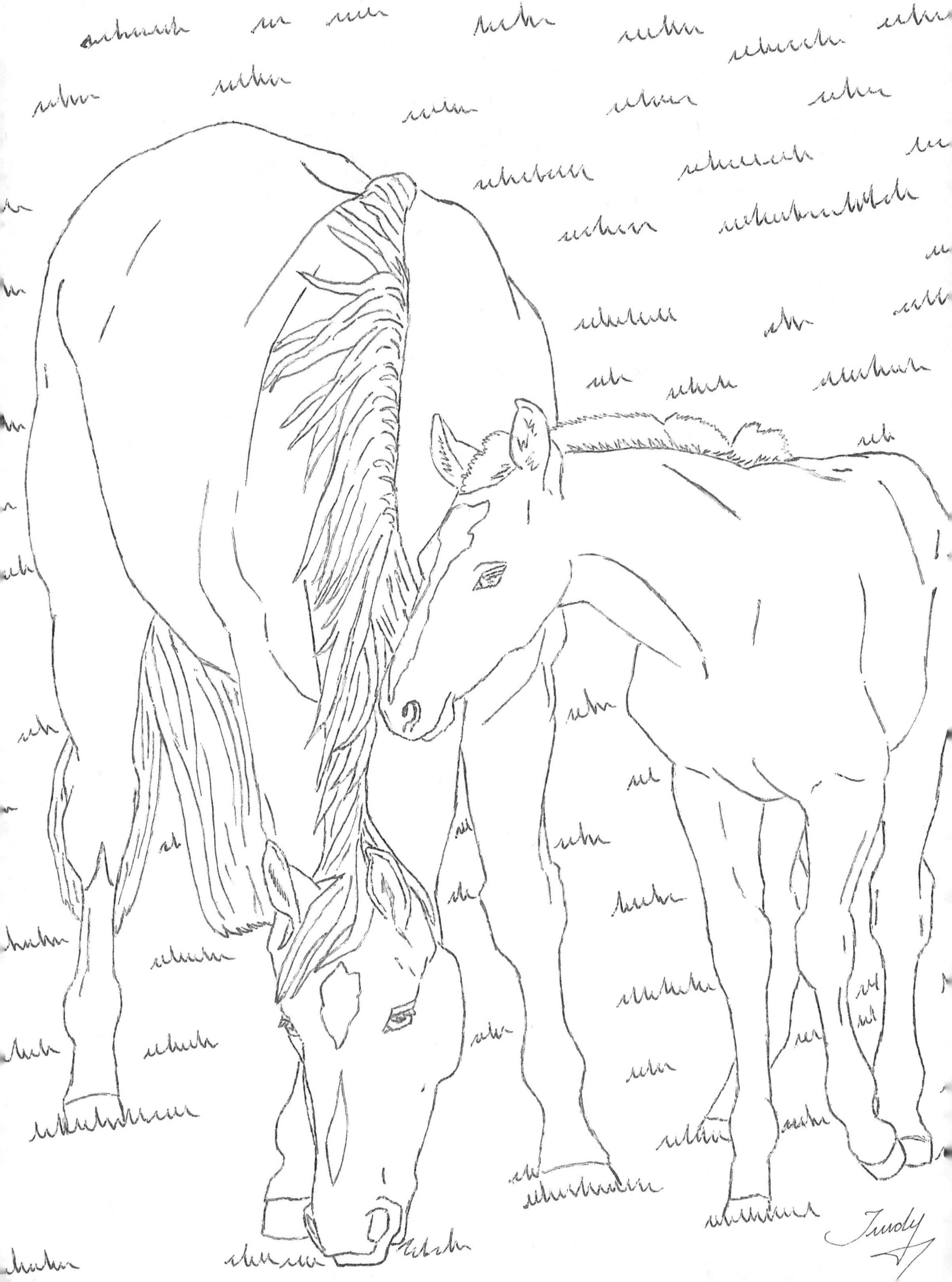
Judy

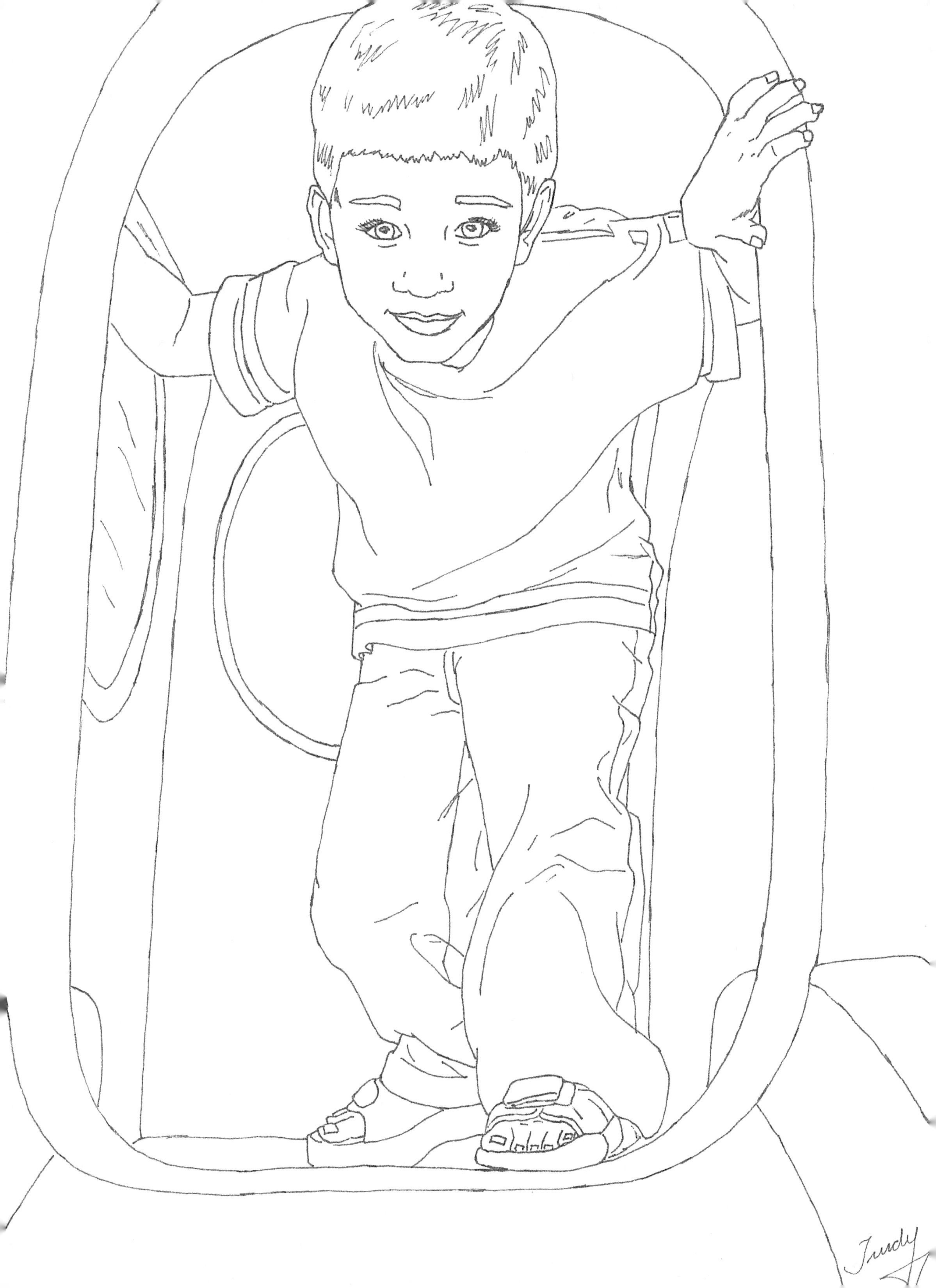
Judy

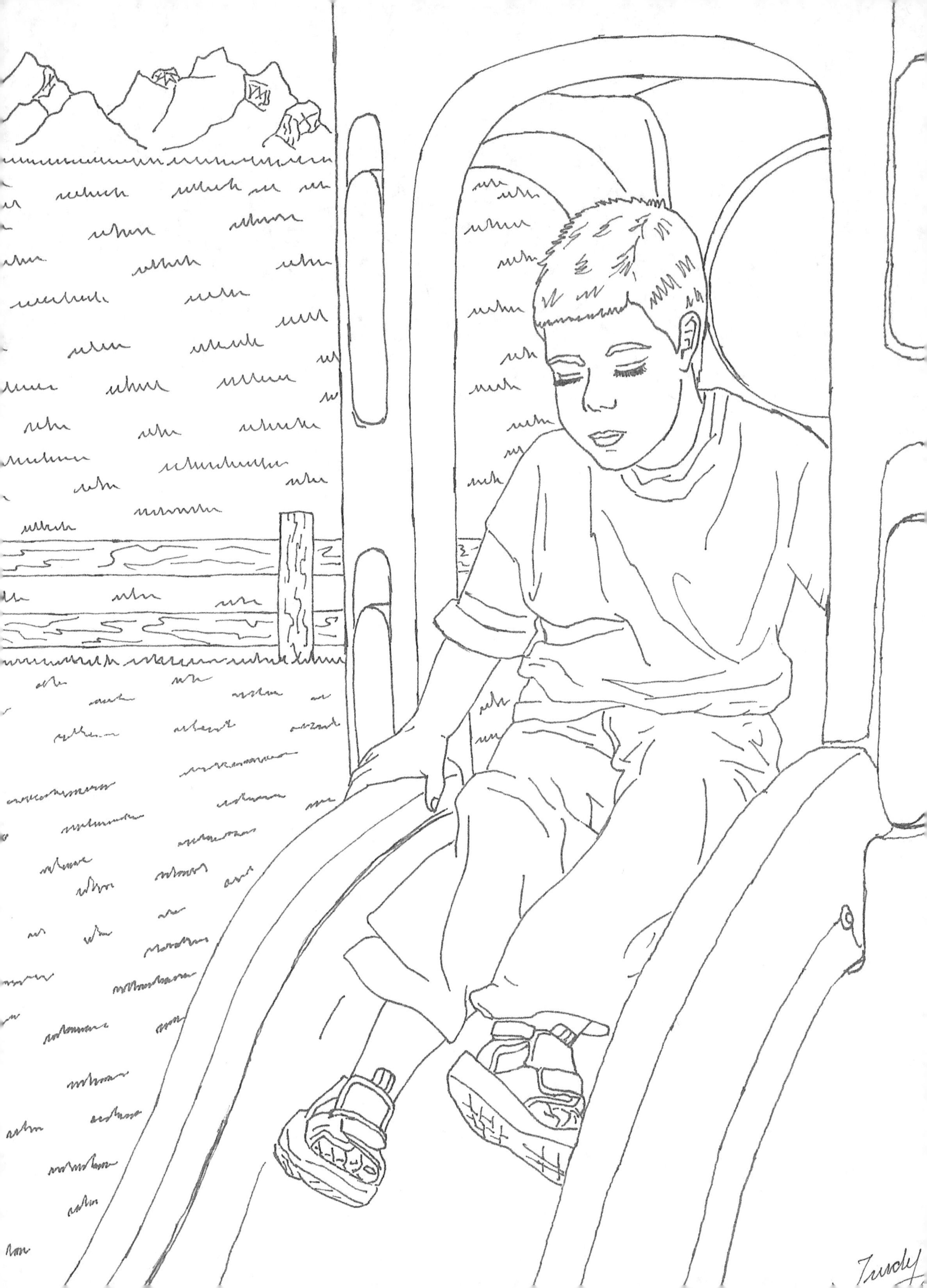
Trudy

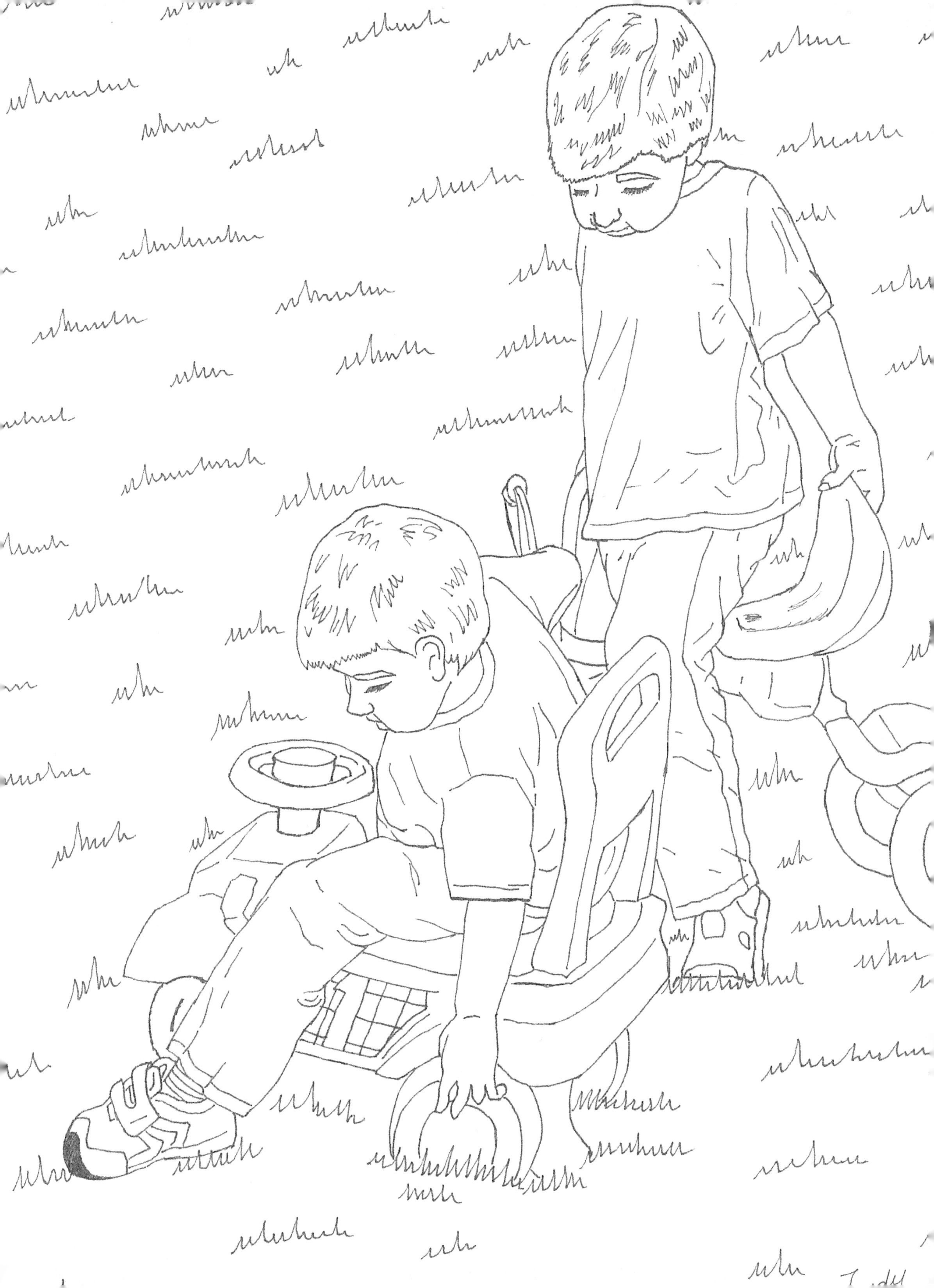

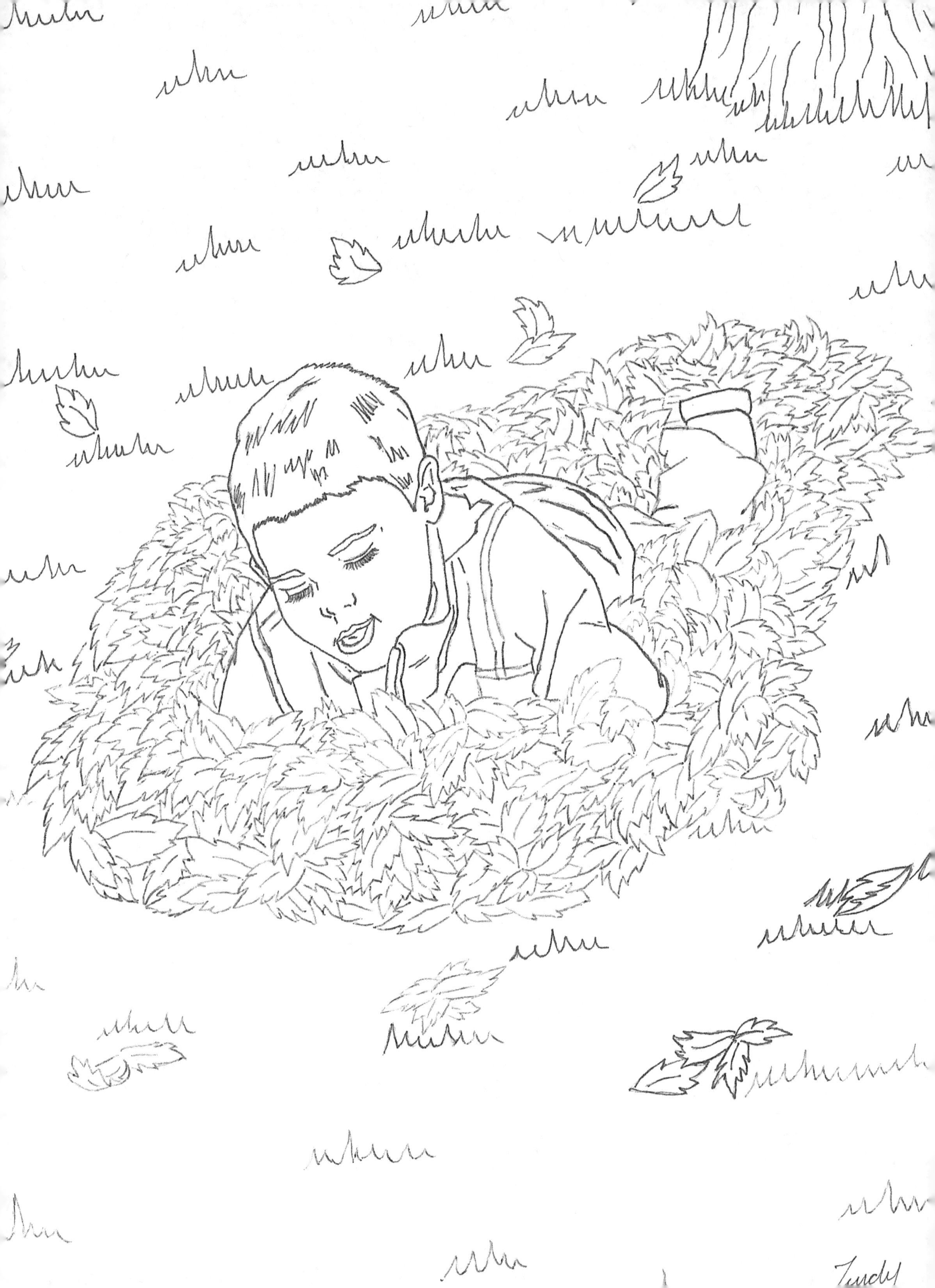

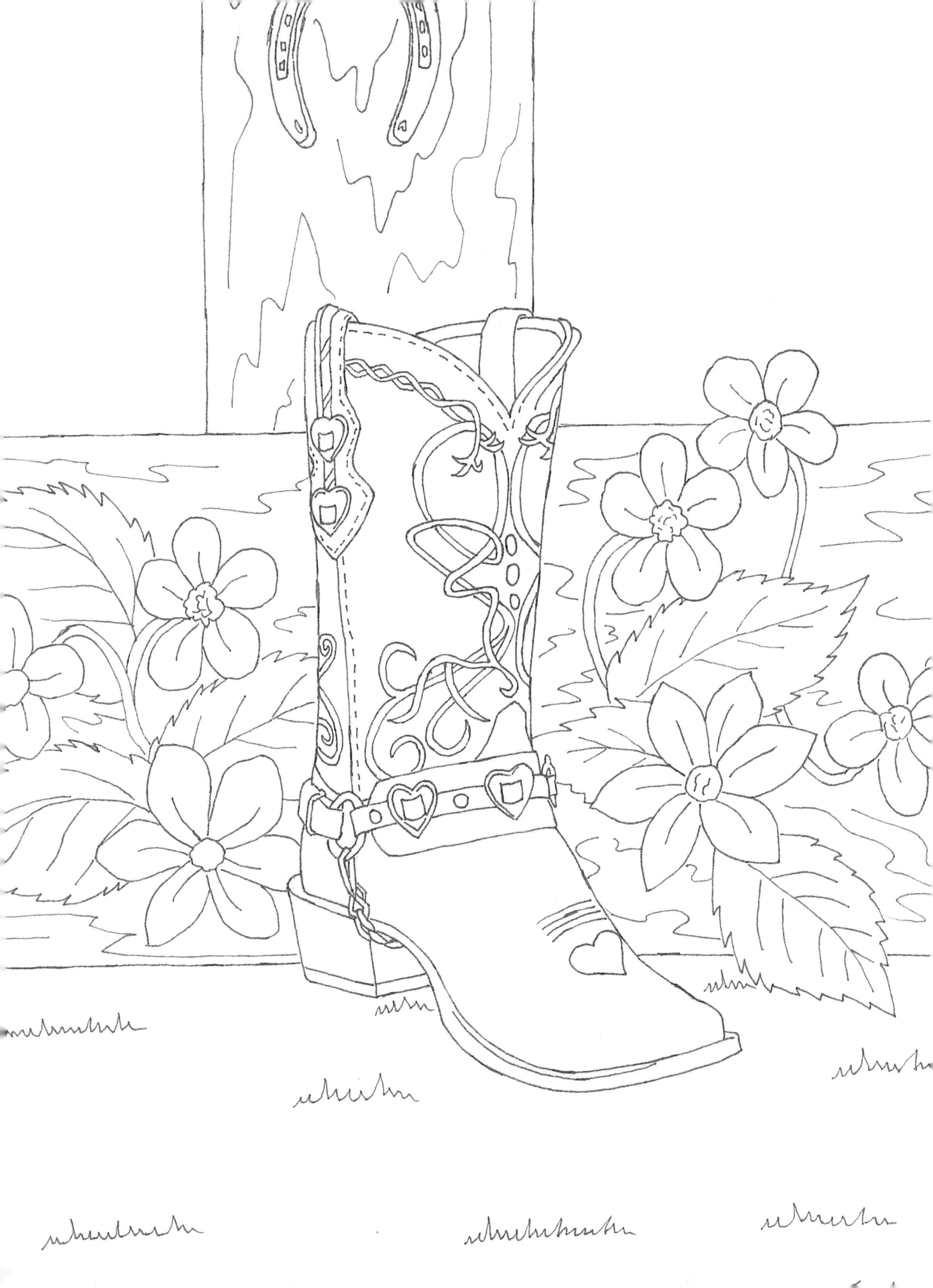

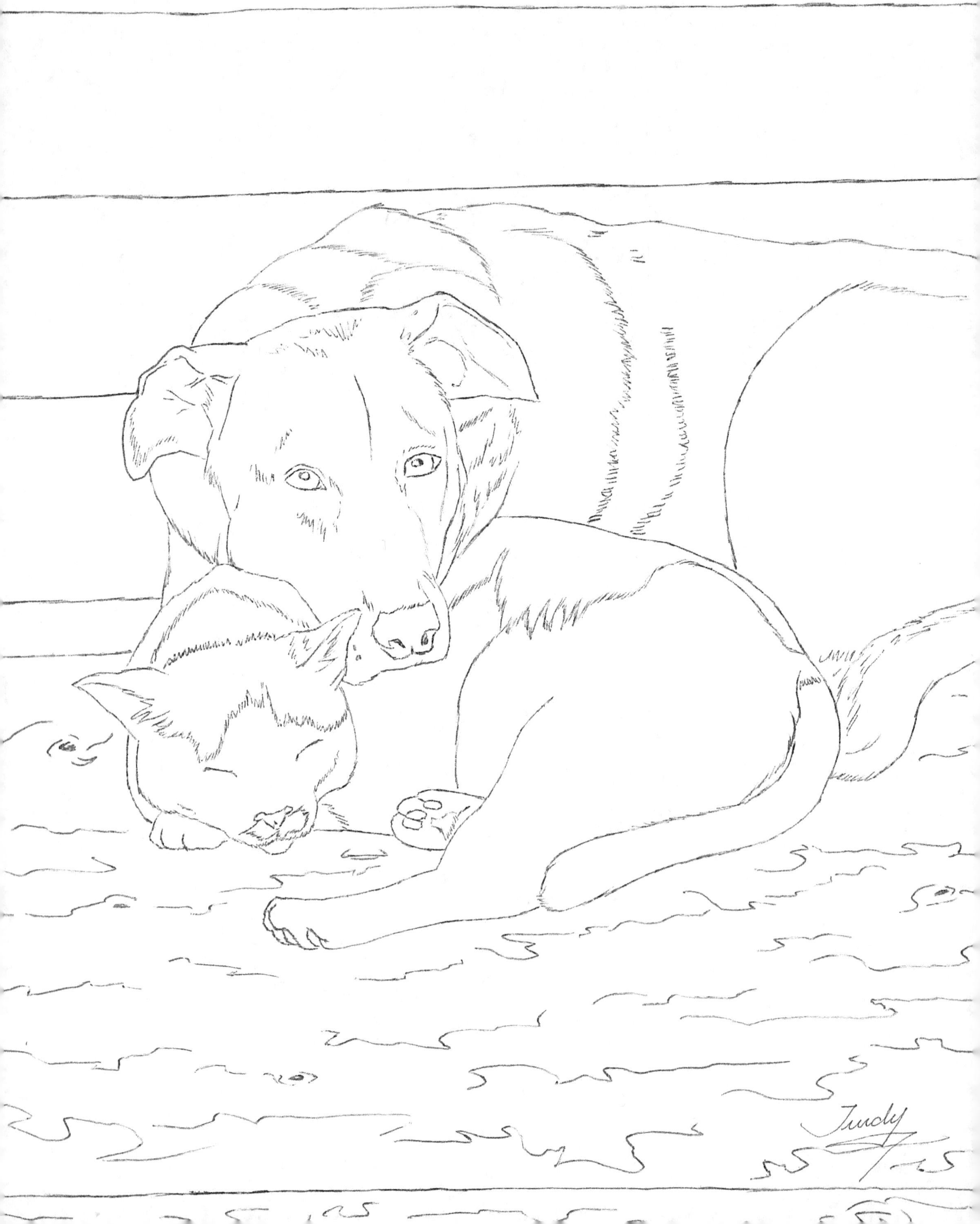
Judy

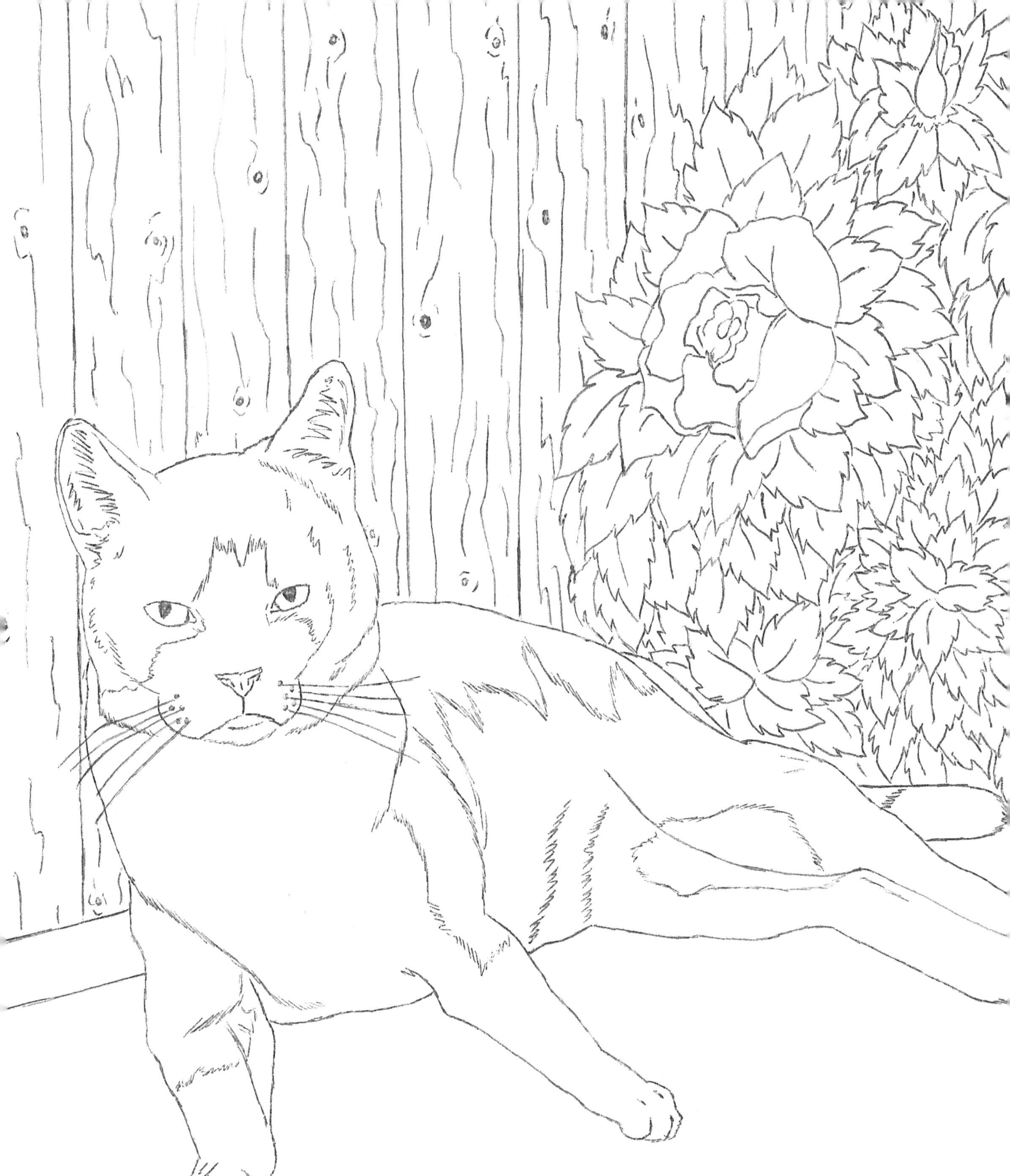

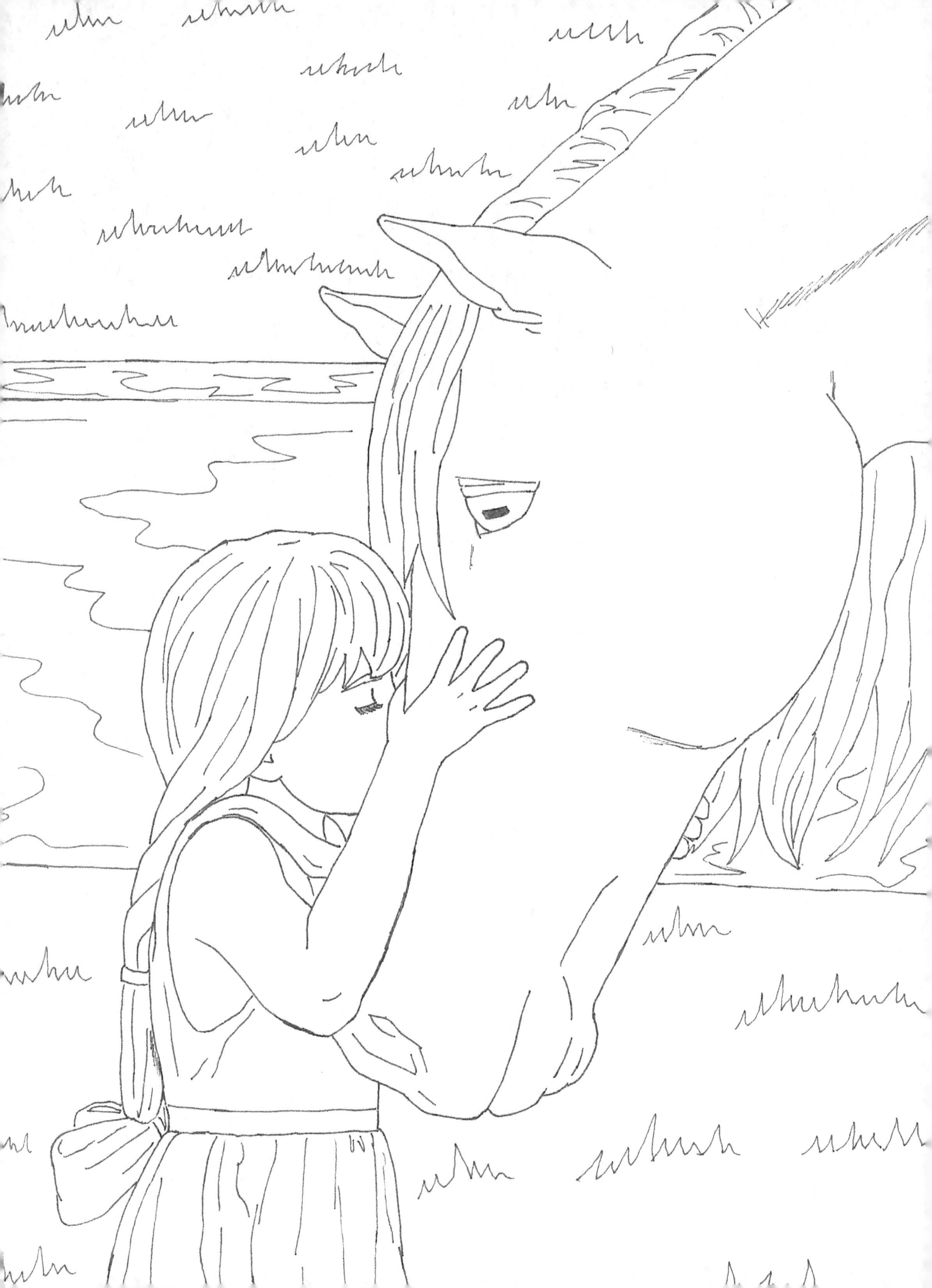

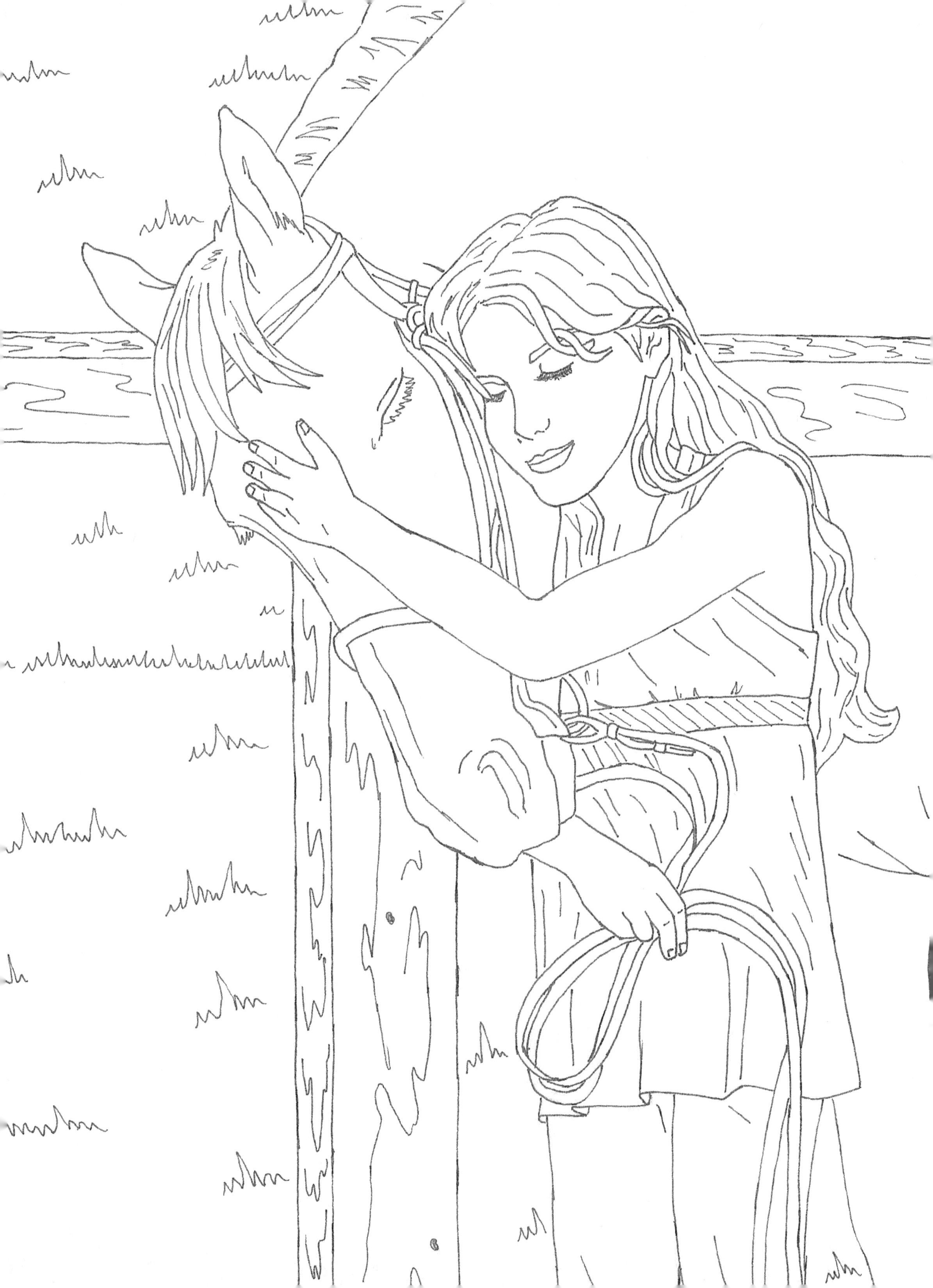

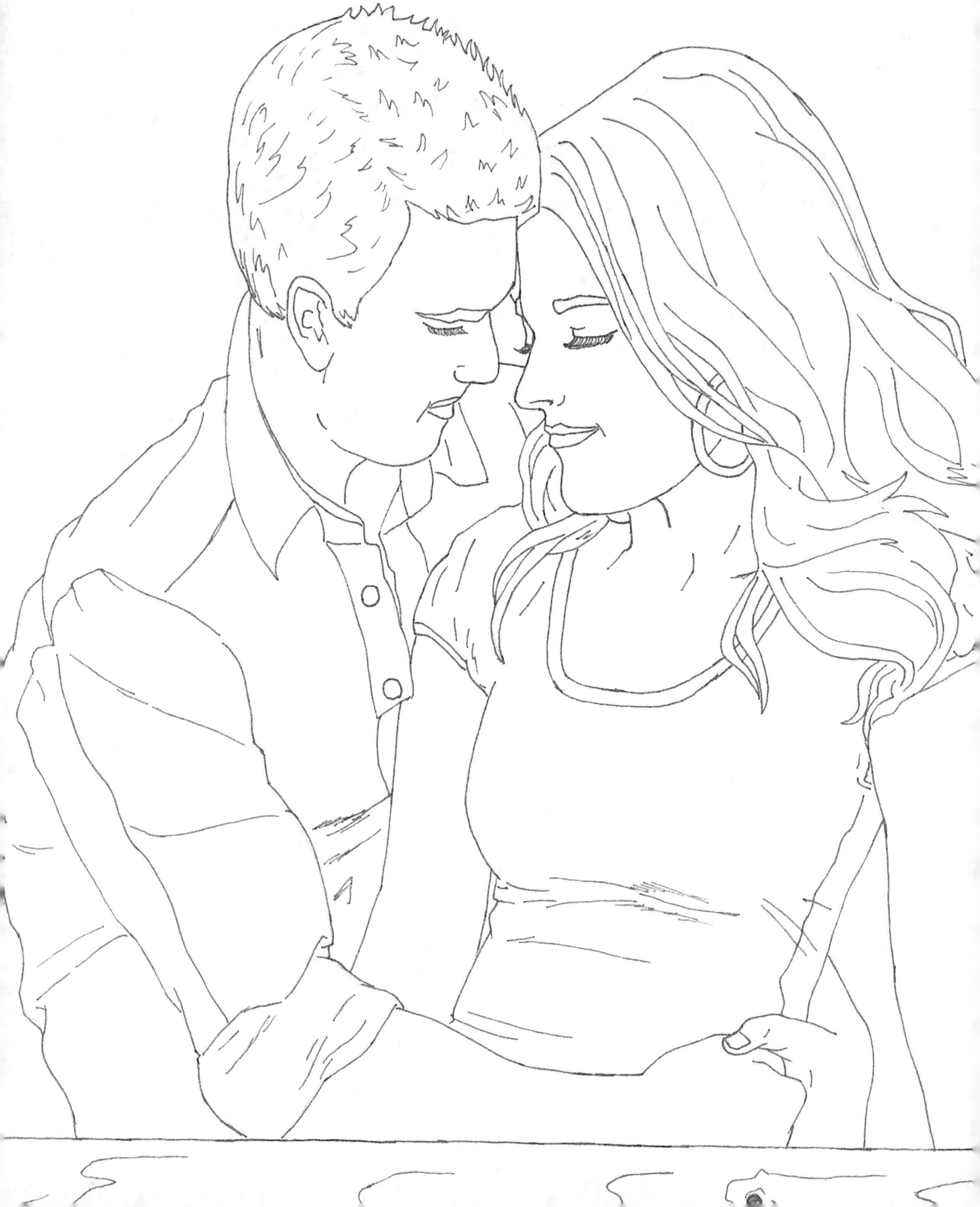

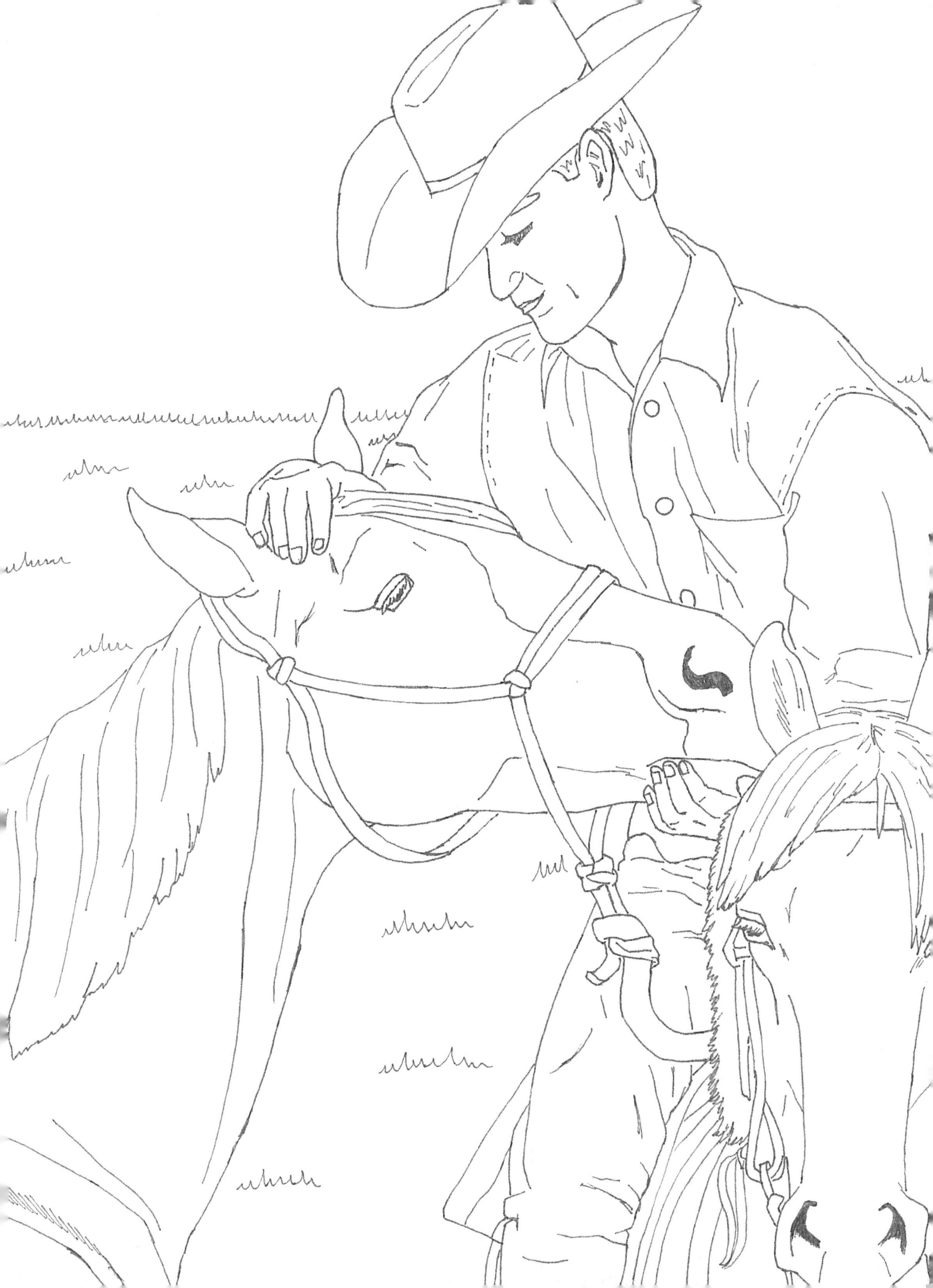

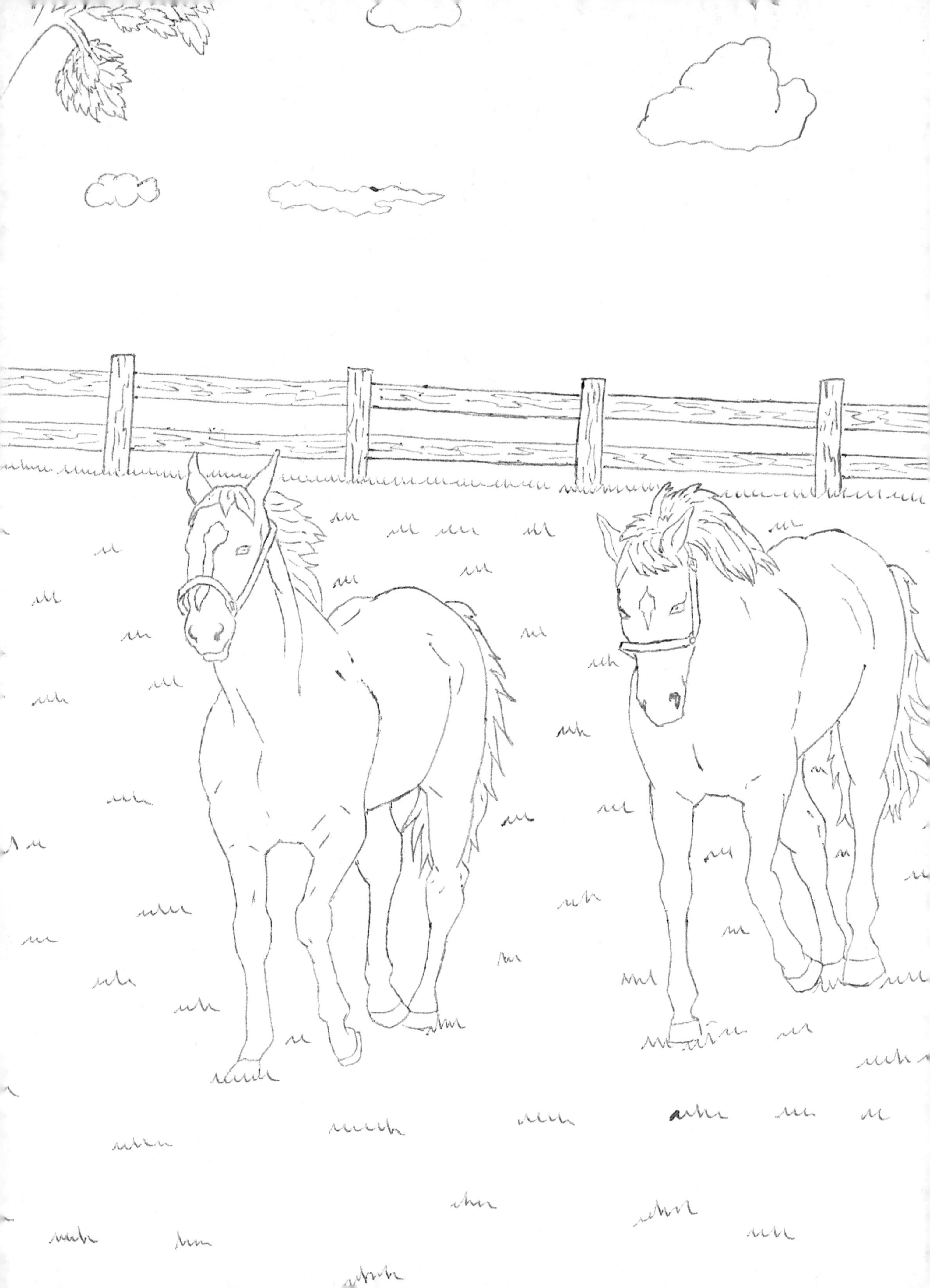

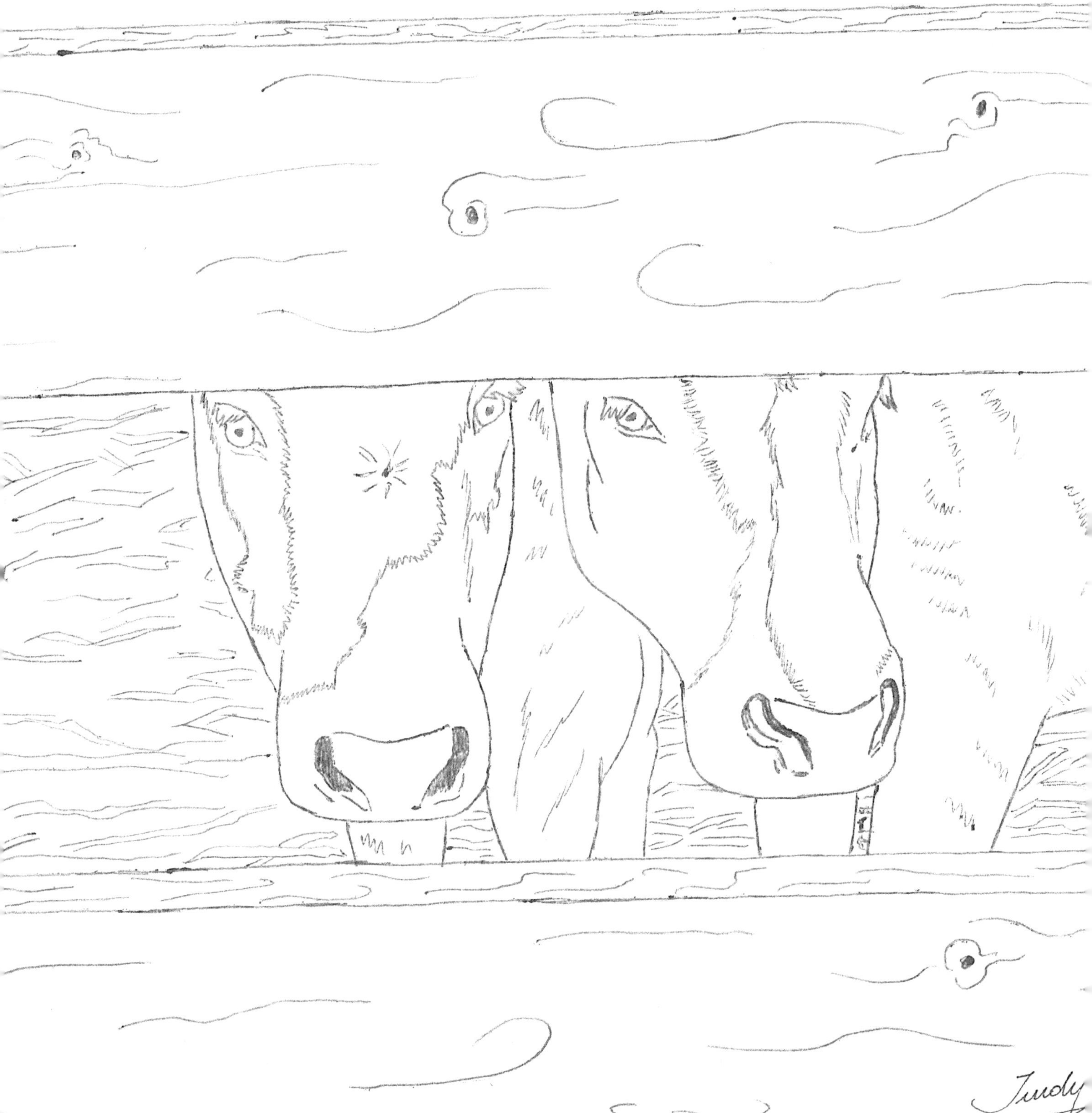
Judy

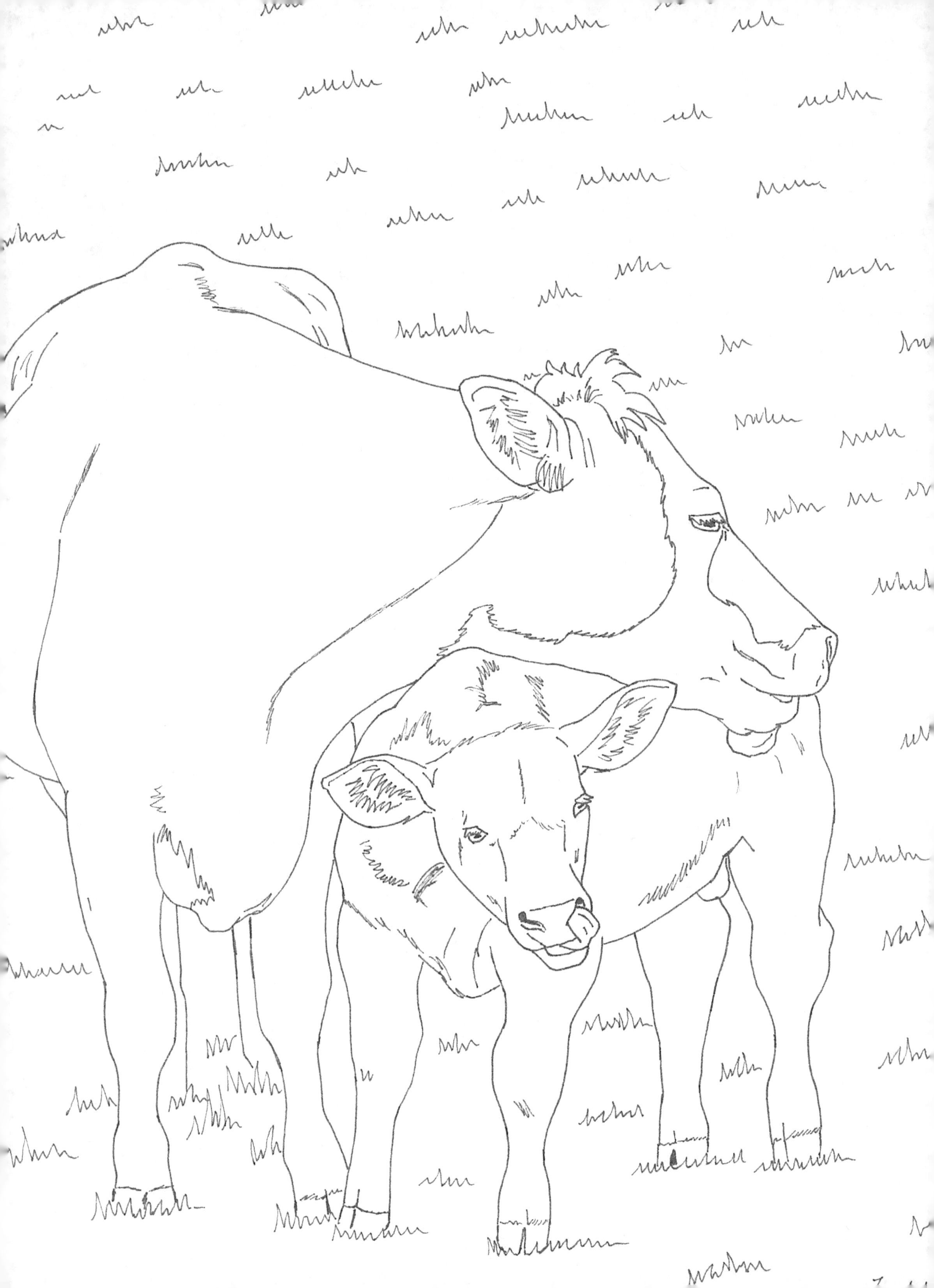

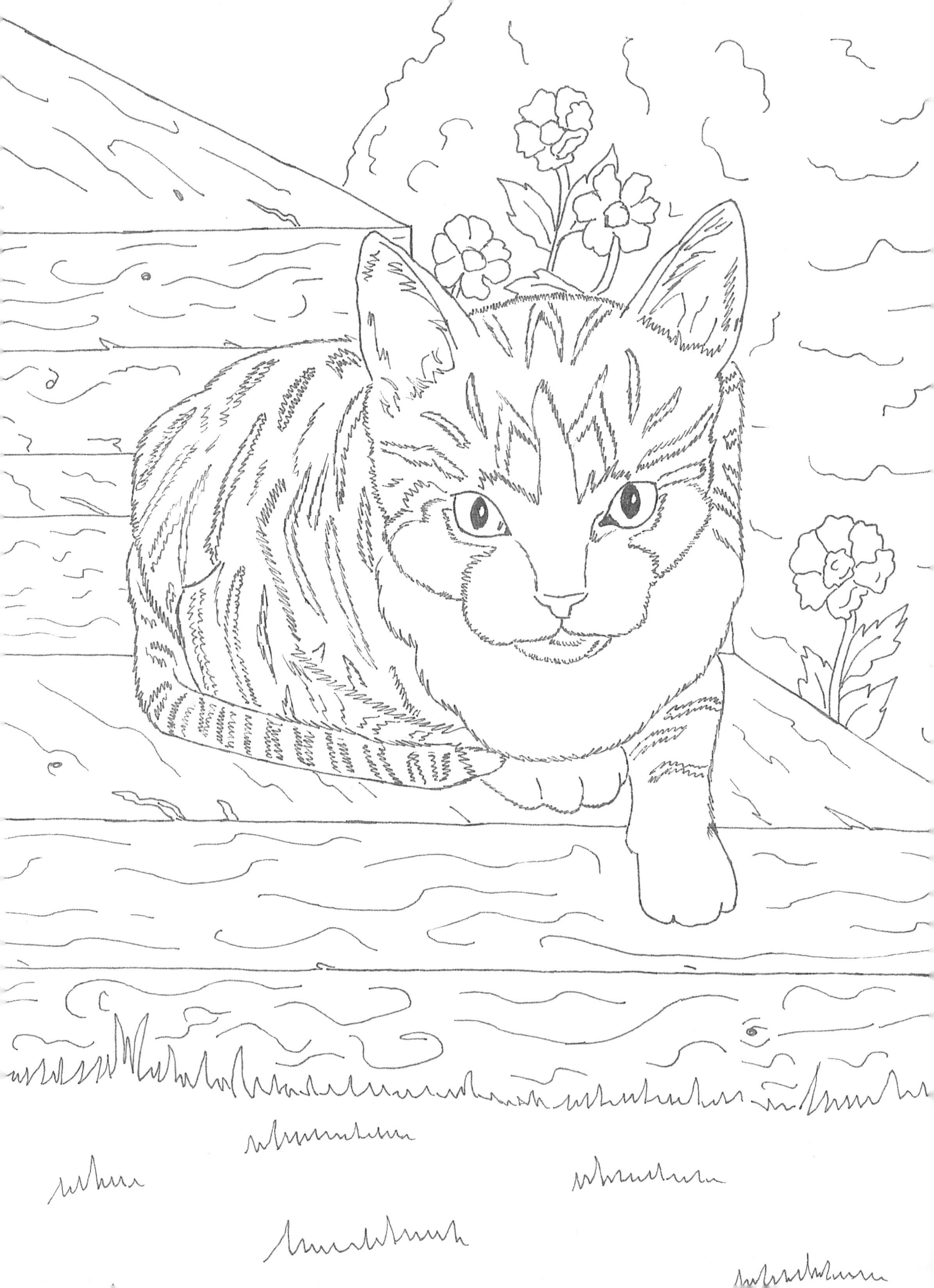

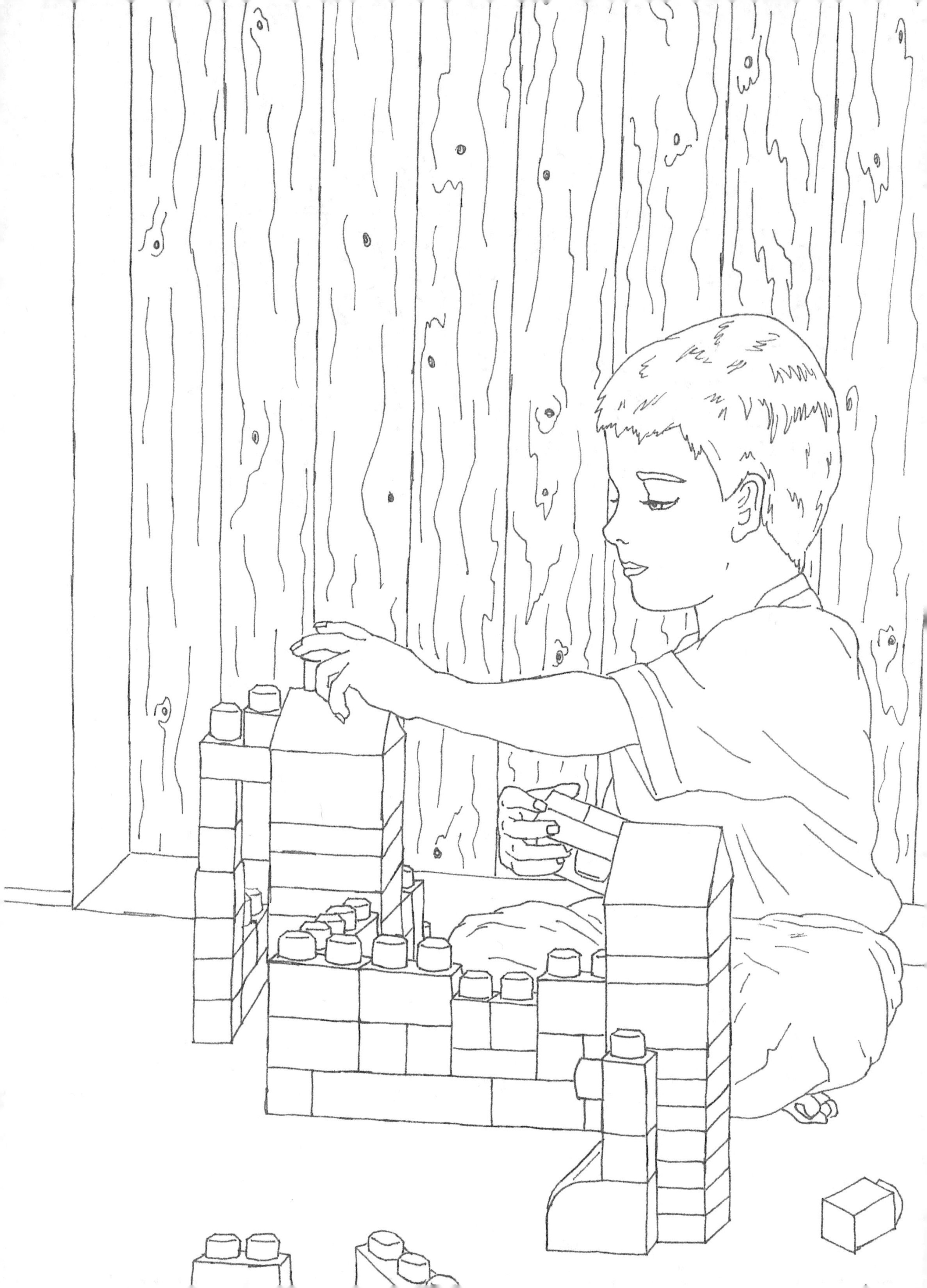

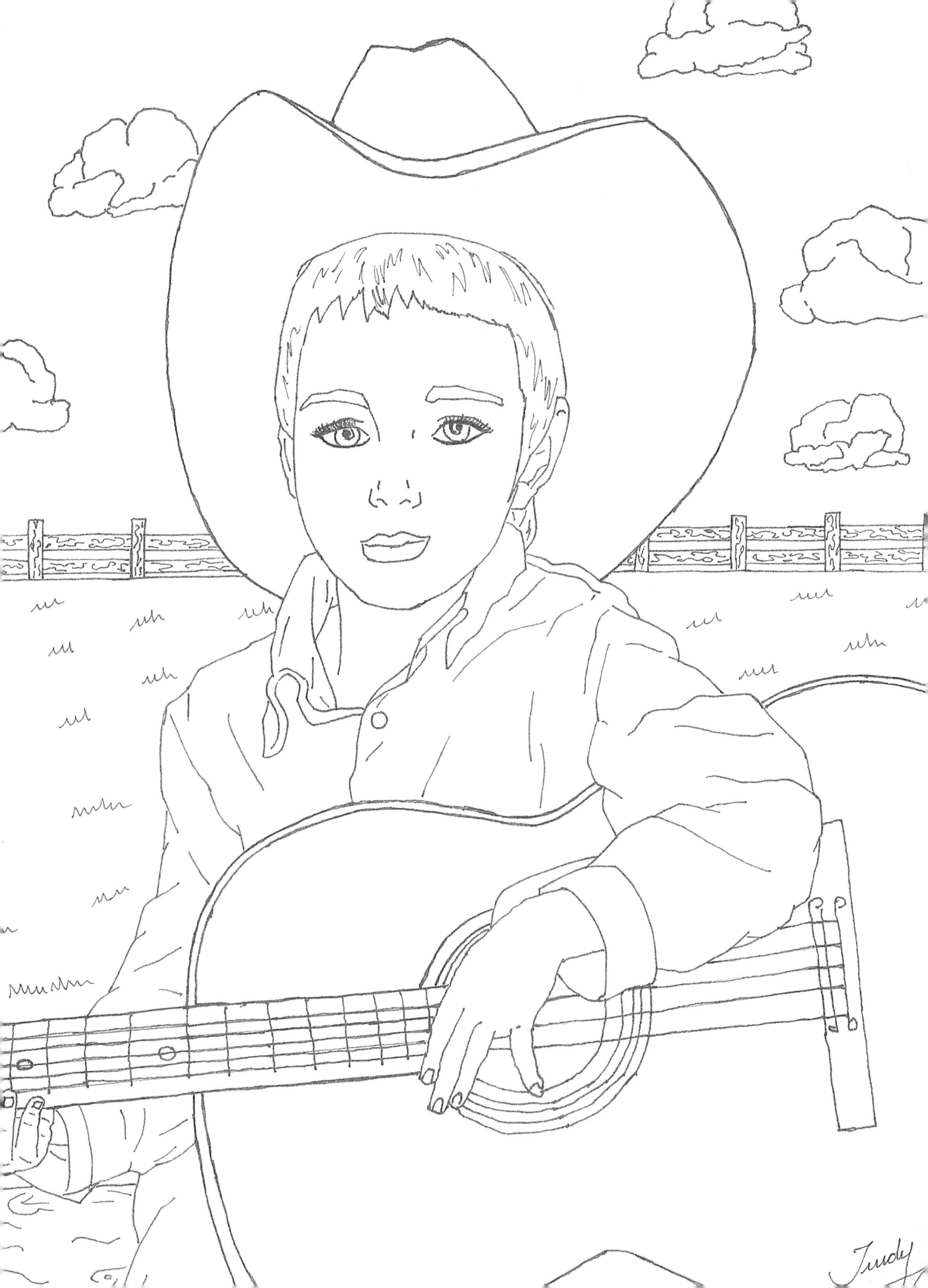
Judy

www.ingramcontent.com/pod-product-compliance
Lightning Source LLC
Chambersburg PA
CBHW081004290526
45795CB00009B/3070